바로크

차례

Contents

03 바로크와 만나다 12 바로크란 무엇인가? 29 역사 속의 바로크
47 문예사조로서의 바로크 66 테마로 본 바로크 89 다시 나보나
광장을 꿈꾸며

바로크와 만나다

첫 만남

프랑스의 대표적인 바로크 연구가 장 루세(Jean Rousset)는 1953년 발표된 자신의 저서 『바로크 시대의 프랑스 문학』에서 로마에 있는 나보나 광장(Piazza Navona)을 바로크 양식의 기념비적 장소로 꼽으며, 바로크에 대한 자신의 사유의 출발점이 바로 그곳이라고 천명한 바 있다. 일차적으로 조형예술의 특정한 한 형태를 표현하기 위해 사용되기 시작했던 바로크 개념을 프랑스 문학과 연극 분야로 확대 적용시키고자 했던 루세에게 나보나 광장으로 대표되는 로마의 건축물은 바로크에 대한 가장 순수하고 정확한 정의를 가능하게 하는 유일한 대상이었다. 사정이 이러할진대 루세의 저작을 통해 바로크를 처음 접한 불문학도인 나의 머릿속에 '바로크=나보나 광장'이 라는 생각이 강하게 자리 잡게 된 것도 무리는 아니었다.

지금으로부터 아주 여러 해 전 로마 여행길에서 나보나 광장을 알리는 표지판을 처음 봤을 때, 어김없이 나의 뇌리를 스치던 말, 그것은 바로크였다. 생각이 그에 미치자 강렬한 호기심이 엄습해 왔다. 아우구스투스 황제의 묘에서 이리저리 좁은 골목길을 한참 돌고 난 뒤 찾아 들어간 나보나 광장. 그런데 이게 웬일인가. 전혀 뜻밖의 상황이 펼쳐졌다. 광장을 들어서자마자 바로크의 경이를 마주 대할 줄 알았던 내 눈 앞에 나타난 것은 겉으로 봐서는 별다를 것 없는 집들에 둘러싸인 길쭉한 타원형의 광장이었다. 광장에는 또한 하나의 멋들어진 바로크 스타일 분수가 있을 거라는 내 예상과는 달리 스타일이 서로 다른 세 개의 분수가 나란히 놓여 있었다. 게다가 시장판을 방불케 하는 혼잡함이라니. 첫눈에 이게 바로크로구나 하는 느낌은 없었다. 허탈한 마음에 붐비는 사람들 틈을 비집고 천천히 걷기 시작했다. 그러다가 광장 중앙의 분수 앞에 서서 건너편의 성당 정면을 바라본 순간, 아! 바로크가 거기 있었다.

나보나 광장

로마 중심가 코르소 거리와 테베레강 사이에 위치한 나보나 광장은 일년 내내 밤늦게까지 사람들로 붐비는 로마의 명소이다. 마치 일년 내내 축제가 있는 것처럼 활기찬 나보나 광장 중앙에는 트레비 분수와 함께 가장 유명한 로마의 분수 중 하나로 꼽히는 '4대 강의 분수'가 있다. 당시 세상에 알려진 가장 긴 네 개의 강, 그러니까 유럽의 다뉴브강, 아프리카의 나일강, 아시아의 갠지스강, 남아메리카의 플라타강을 상징으로 만들었다는 이 분수는 17세기 이탈리아 화가이자 조각가요 건축가였던 베르니니(Gian Lorenzo Bernini)의 작품으로, 그 건너편에는 그의 라이벌이었던 보로미니(Francesco Borromini)가 설계한 성 아녜제 성당(Chiesa di Santa Agnese)이 위풍당당하게 마주 서 있다.

'4대 강의 분수'는 언뜻 보기에 물 밖으로 치솟아 나오려는 불규칙한 피라미드 형태의 바위산 형상을 하고 있다. 마치 사면으로 뚫린 동굴처럼 여기저기 움푹 파인 분수 아래쪽에는 물을 찾아 기어 나오는 목마른 사자, 말, 악어가 보인다. 분수의 중간 지점에는 4대 강을 상징하는 다이내믹한 네 명의 남성신들이 금방이라도 떨어질 듯 위태롭게 서 있는 오벨리스크를 붙잡기 위해 막 일어나려는 듯 아니 막 누우려는 듯, 누워 있지도 서 있지도 않은 어정쩡한 중간 자세를 취하고 있다. 분수의 중앙 꼭대기에 곧추선 오벨리스크는 전체적으로 직선을 회피하는 분수의 구조 속에서 유일하게 직선으로 되어 있다. 그러나 뾰족하게 뻗은 이 오벨리스크는 자신을 받치고 있는 커다란 소용돌이꼴 장식 위에서 왠지 불안해 보이는 게 사실이다. 분수에서 시원하게 뿜어져 나오는 물줄기는 마치 산 속의 급류 또는 샘물처럼 바위에서 솟아나 넘쳐흐르고, 물기둥과 폭포로 쏟아지면서 요란한 곡선을 그리며 요동친다.[1)]

자, 이제 쉴 새 없이 웃고 재잘대며 분수 주변을 뛰어다니는 천진난만한 아이들처럼 천천히 분수 주위를 돌아보자. 움직임을 나타내어 강조하는 작품들은 구경하는 사람 역시 움직일 것을 요구하므로. 떨어지는 물방울과 근육이 드러나는 조각상의 팔들 사이로 나보나 광장의 분위기를 지배하는 성 아네제 성당의 둥근 천장, 작은 종루, 물결 무늬가 있는 파사드(façade)가 눈에 들어온다. 처녀이며 알몸으로 순교를 당하니 기적적으로 머리카락이 길어지면서 온몸을 감쌌다는 이야기가 있는 성녀 아네제가 순교한 자리에 세워진 성 아네제 성당의 파사드는 곡선과 오목, 볼록 곡선들의 유희를 통해 삼중의 물결 무늬로 된 파동 벽면을 형성하고 있다. 파사드에서 뒤로 살짝 들어간 자리에 높이 올려진 둥근 쿠폴라(coupola)와 두 개의 종탑. 여기에 낮게 흘러가는 몇 조각의 구름 뒤에 숨었다 나타나는 햇살이 울퉁불퉁한 성당 정면의 채광창을 비추게 되면 뜻밖에도 흔들리는 빛과 그림자의 유희가 펼쳐지면서 나보나 광장은 역동적이며, 움직이는 건축술, 그러니까 바로크 건축술의 가장 완벽한 조화를 보여주게 된다. 계속해서 변하는 은은한 조명 아래에서 성녀 아네제와 분수의 물줄기들이 서로 은밀한 대화라도 나누는 것일까. 나보나 광장에 선 문학도의 상상력은 끝없이 나래를 뻗는다.

베르니니와 보로미니[2]

　그런데 나보나 광장에서 펼쳐지는 바로크의 경이, 그러니까 '4대 강의 분수'와 성 아녜제 성당의 조화로운 아름다움이 평생토록 필생의 라이벌로 살았던 두 건축가의 손에서 이루어졌다는 것은 참으로 아이러니한 일이 아닐 수 없다. 17세기 이탈리아 바로크 건축을 대표하는 베르니니와 보로미니는 나이 차이가 채 한 살도 나지 않는 또래로 정확하게 동시대를 살았던 예술가들이다. 하지만 나이가 같다는 점을 제외하고는 둘 사이에 닮은 점이라곤 하나도 없었다.

　젊은 시절부터 신동으로 칭송받으며, 교황과 추기경을 비롯한 로마 최고의 후원자들을 고객으로 삼을 만큼 명성이 있던 베르니니와는 달리 가난한 석수의 아들로 태어난 보로미니는 처음에 아버지처럼 가난한 천재 석수에 불과했다. 운명이 그

로마 나보나 광장.

로 하여금 성 베드로 성당 개축 현장에서 베르니니를 만나게 하기 전까지는. 베르니니는 어느 날 소음과 먼지가 진동하는 성 베드로 성당 현장에서 자기 또래의 젊은 석수가 보여준 몇 장의 스케치를 보고는 그에게 부를 축적할 수 있는 건축가의 일자리를 주겠다고 약속했다. 보로미니로서는 평생의 꿈이 현실로 바뀌는 순간이었다. 그러나 당시 최고로 잘 나가는 건축가로부터 낙점을 받은 것이 보로미니에게 행운만은 아니었던 듯하다. 베르니니는 보로미니라는 석수가 자신과 대등한 천재성을 지닌 사람임을 대번에 알아보았고, 그런 이유로 일자리를 주는 대신 장차 자신의 라이벌이 될 지도 모르는 상대방을 철저하게 누르기 위해 자신의 모든 영향력과 사교력을 동원하게 된다. 이에 보로미니는 평생 라이벌 베르니니에 대한 열등감과 피해 의식으로 시달렸으며, 마침내 대인 기피증과 우울함이 극에 달한 나머지 결국 스스로 칼날 위로 몸을 던짐으로써 세상을 떠났다. 반면 그의 앙숙 베르니니는 70대까지 최고의 명성을 잃지 않으며 탄탄대로를 걸었다.

뿐만 아니라 돈과 관련해서도 두 천재는 극명하게 대비되는 모습을 보여준다. 보로미니가 돈 혹은 사교술에는 관심이 없고, 오로지 작품의 완성도와 예술가로서의 명성에 대해서만 집착하는 예술가적 기질을 지닌 사람이라면, 베르니니는 돈 버는 일에서라면 그 누구에도 뒤지지 않을 만큼 뛰어난 수완을 발휘한 인물이었다. 한 예로 나보나 광장의 분수 제막식 때 그는 예정되었던 순간이 아니라, 맨 마지막에 극적으로 세찬

물줄기를 뿜어 나오게 함으로써 발걸음을 돌리던 교황과 추기경들의 감동을 몇 배로 배가시키는 쇼를 연출할 만큼 '자기 홍보'와 '엔터테인먼트'에도 적극적인 사람이었다. 로마 추기경의 개인 금고에 들어가는 돈보다 베르니니의 금고에 쌓이는 돈이 더 많았다는 얘기가 전해질 정도니, 베르니니의 사업가적 수완에 대해서는 더 이상 설명이 불필요할 것 같다.

베르니니와 보로미니가 세상을 떠난 지 삼백 년도 훨씬 더 지난 지금, 평생 숙적이었던 두 천재가 아마도 자신들의 의지와 상관없이 이루어낸 바로크의 절삭 앞에서 인간사를 뛰어넘는 예술의 오묘한 경지에 그저 숙연해질 따름이다.

바로크에로의 초대

나보나 광장으로 기억되는 로마 여행도, 가끔씩 내게 바로크의 향기를 전해주던 파리의 유학 생활도 이미 오래 전에 끝이 났다. 한국에 돌아와 다시 시작하게 된 나의 일상들. 사실 그 속에 바로크가 들어설 틈은 거의 없었다. 그렇게 바로크를 잊고 지내던 어느 날, 거리를 지나가다 우연히 어느 가게에 걸린 간판을 보게 되었다. 간판에는 '바로크 표구사'라는 글씨가 독특한 서체로 새겨져 있었다. 바로크 표구사라고? 모든 이름에는 그 이름을 선택한 사람의 살아온 삶과 의지와 희망이 녹아 있다고 믿어 의심치 않는 나는 바로크란 말을 상호 명에 넣은 가게 주인의 생각이 자못 궁금해졌다. 물론 직접 물어볼 수는 없는 일이었지만. 그 일이 있은 한참 뒤 결혼 준비를 하는 친구가 혼수를 바로크 가구로 하기로 했다는 얘기를 들었다. 친구는 왠지 세련되고 뭔가 화려한 느낌을 주는 근사한 느낌의 바로크란 말이 좋다고 했다. 친구에겐 바로크가 세련된 화려함의 유럽풍 스타일과 동의어였던 것이다.

그랬다. 바로크란 단어는 이렇게 여기 현재를 살고 있는 우리의 일상 속에 벌써부터 들어와 있었다. 사람들은 저마다 책이나 잡지, 혹은 영상 매체를 통해 가끔씩 마주치게 되는 바로크란 말을 나름대로 어떤 느낌, 어떤 이미지를 가지고 받아들이고 있을 것이다. 바로크란 말이 사람들에게 수용되면서 이처럼 다양한 형태의 파장을 일으킬 수 있다는 것은, 분명 바로크가 오늘날까지 죽지 않고 살아 있는 개념임을 보여 주는 증거임에 틀림없다. 하지만 어쩌면 우리의 일상에서 바로크란 말이 극히 주관적이고 모호한 느낌들로만 축소되어 버림으로써 원래는 구체적인 시대적·사회적 맥락 속에서 탄생한 역사적 개념이자, 여러 가지 규칙을 포함한 문예비평 용어이기도 한 바로크 개념에 대한 접근이 점점 더 힘들어지고 있는 것은 아닐까? 어쩌면 이러한 이유로 한국에서 바로크 개념에 대한 정의를 시도한 책들을 만나기가 어려웠던 것은 아닐까? 갖가지 상념들이 꼬리를 물고 이어진다.

그렇다면 과연 바로크란 무엇인가? 스스로에게 이러한 질문을 던지자마자 어쩌면 이에 대한 일목요연한 대답은 불가능할 것이란 생각이 먼저 떠오르는 것은 아마도 이 질문이 포함하고 있는 광범위한 영역에 기가 질려서일 것이다. 솔직히 좁게는 건축, 회화, 음악, 문학 등에서 나타나는 특정한 한 표현 형식을 지칭하고, 넓게는 인류 문명의 한 단계이자 세계관을 뜻하는 바로크 개념을 책 한 권에, 그것도 이 자그마한 책자에 모두 담아내어 소개한다는 것은 현실적으로 불가능하다. 또한 음악, 미술, 건축, 문학 등 각 예술 분야에 나타난 바로크 사조는 각 분야에 고유한 원칙과 법칙에 따라 독자적으로 정의되어 있다는 점에서 개별적으로 접근해야만 할 필요가 있는 것이 사실이다.

그렇지만 이 작은 책이 아직까지 바로크를 만나지 못했거나 바로크의 세계를 낯설게 여기는 많은 이들에게 쉽고 용이한 길잡이가 될 수 있다면…… 앞으로 더 넓은 바로크의 세계를 찾아 나설 이들에게 안내서의 역할을 할 수 있다면…… 그럴 수만 있다면 더 바랄 나위가 없지 않은가. 전문성이야 좀 결여된들 그게 뭐 어떠랴. 전문적인 지식은 각 분야의 전문가들에게 맡겨두기로 하고, 우리는 편한 복장으로 나들이에 나서는 사람들처럼 그렇게 바로크의 세계로 떠나보자. 여행을 마치고 돌아오는 길에 "잠깐이지만 바로크, 너를 만나 즐거웠다."고 말할 수 있기를 바라면서.

바로크란 무엇인가?

용어의 기원과 변천

오늘날 '바로크'라는 단어가 지니는 의미는 실로 다양하지만, 미술·건축·음악·문학 등을 통틀어 모든 분야의 바로크 연구가들 사이에서 가장 보편적으로 통용되어 온 의미는 '바로코(barroco)'라는 포르투갈어를 그 어원으로 갖는 것이다. 바로코는 원래 중세 이베리아 반도의 보석 세공사들 사이에 사용되던 직업적인 용어로 모양이 고르지 못한 진주를 일컫는 말이었다. 1690년 프랑스에서 발간된 퓌르티에르(Furetière) 사전에서는 바로크를 "그 모양이 완벽하게 둥글지 못한 진주에 대해서만 사용되는" 용어로 규정하고 있다. 이처럼 형태가 불규칙한 진주를 뜻하는 바로크의 본래 의미는 18세기에 들어서자마자 곧 불완전함과 불규칙함을 지칭하는 의미로 파생되기 시작했으며, 이 같은 파생 의미가 음악, 미술 분야로 적용되면서 각각 특정한 규칙에 따르는 하나의 예술 형식을 가리키는 말로 변모하게 된다.

바로크라는 용어가 처음으로 어떤 예술 형식을 지칭하는 전문 용어로 사용된 것은 다름 아닌 음악 분야에서이다. 사실 현재 음악사에서 '고딕', '로마네스크', '르네상스', '로코코', '인상주의'처럼 과거의 역사적 시대 구분을 지칭하는 많은 용어들은 대개 미술사에서 빌려온 것들인데 반하여 바로크만은 예외적으로 다른 어떤 분야보다 음악에서 먼저 사용된 특이한 경우라 할 수 있다. 바로크 음악사가인 팔리스카(Claude V. Palisca)에 따르면[3] 바로크라는 용어를 음악에 제일 먼저 적용한 사람은 18세기 프랑스 철학자 노엘-앙투완 플뤼슈(Noël-Antoine Pluche)였다. 플뤼슈는 1746년 당시 파리에서 가장 뛰어난 바이올린 연주자로 칭송 받던 장 바티스트 아네(Jean-Baptiste Anet)와 대조적인 스타일의 연주를 펼치는 장 피에르 기뇽(Jean Pierre Guignon)의 연주를 평하면서 기뇽은 현란한 기교를 통해 청중을 즐겁게 하고, 놀라게 하는데 능한 반면, 아네는 꾸미지 않은 자연스러움에서 우러나오는 풍부한 스타일의 연주를 선호한다고 지적했다. 그러면서 아네가 기뇽과 같은 기교적인 과시를 경멸하는 이유를 그것이 "지구 표면에서 다이아몬드를 찾을 수 있음에도 불구하고 바다의 밑바닥에서 몇

몇 찌그러진 진주를 힘겹게 억지로 떼어 내는 것"[4]과 마찬가지이기 때문이라고 덧붙였다. 우리는 여기서 17세기까지 형태가 기이한 진주를 지칭하던 바로크의 원래 의미가 18세기 중반으로 오면서 자연스러운 것을 벗어난, 지나치게 인위적인 음악의 형태를 가리키는 부정적인 의미로 파생되었음을 알 수 있다.

이처럼 음악의 한 형태를 지칭하게 된 바로크라는 용어는 18세기 문인이자 철학자였던 장 자크 루소에 와서 완전히 정착하게 되는데, 루소는 1768년 자신이 편찬한 『음악 사전』에 바로크를 하나의 표제어로 넣으면서 다음과 같이 정의했다.

바로크 음악은 화성이 혼돈스럽고 조바꿈과 불협화음으로 가득 차 있으며, 멜로디는 거칠어서 별로 자연스럽지 못하고, 인토네이션은 어려우며, 그리고 진행이 어색하다. 이 용어는 논리학자들이 사용했던 바로코라는 말로부터 나온 것으로 보인다.[5]

루소가 위에서 명시했던 바와 같이 바로코라는 말에서 유래된 바로크란 용어는 1776년판 『백과사전』의 별책 부록에 재차 실리면서 이제 음악사에 등장하는 하나의 전문용어로 굳어지게 되었다. 물론 루소가 정의한 바로크 음악에는 비판적이고 부정적인 면만 지나치게 강조된 점이 없지 않으며, 루소를 비롯한 18세기 사람들이 말하는 바로크 음악이 오늘날 우리가 바로크라 부르는 모든 음악과 동일한 것이라고 단정 지을 수 없다는 점은 분명하지만, 어쨌거나 루소의 저작을 통해 기이한 모양을 한 진주를 뜻하는 바로크라는 단어가 전문적인 음악 용어로 탈바꿈하게 되었다는 사실은 특기할 만하다.

18세기 후반에 들어서면서 플뤼슈나 루소가 바로크란 단어를 이용하여 괴이하고, 지나치며, 부자연스러운 음악을 부정적으로 지칭했던 것과 마찬가지의 현상이 건축 분야에서도 일어나게 된다. 1788년판 『백과사전』에 보면 "건축에 있어 바로크는 기이함의 뉘앙스를 지닌다."라고 규정되어 있음을 찾아볼 수 있다. 기이함이란 무엇인가? 그것은 곧 자연스러운 것을 벗어났음을 뜻한다. 조형예술에서 말하는 바로크란 이처럼 처음에는 불규칙성, 움직임, 과시의 미학을 추구하는 바로크 건축을 비난하고 매도하고자 하는 의도에서 사용되었다고 볼 수 있다.

조형예술에서 나타난 바로크 형식에 대한 긍정적인 평가는 19세기 중엽 독일인 미학자 부르크하르트(Jacob Burckhardt)에 와서야 시작되었다. 부르크하르트는 미술사에서 바로크 양식을 고전주의적 르네상스 양식에서 독립된 하나의 개념으로 보았다는 점에서 선구자적인 역할을 하였지만, 여전히 바로크 양식을 르네상스 양식에 비헤 하위에 있는 퇴락한 개념으로 판단했다는 점에서는 전통적인 사고의 틀을 완전히 벗어나지 못했다. 그의 뒤를 이어 미술사에서 바로크 양식을 정립하는 데 결정적인 역할을 한 사람은, 역시 독일인으로 그의 제자였던 뵐플린(Heinrich Wölfflin)이었다. 뵐플린은 1888년 발표한 그의 저서 『르네상스와 바로크』에서 바로크 양식을 특징짓는 네 가지 주요 효과를 제시했는데, 그것은 바로 생동감, 풍요로움, 웅장함 그리고 움직임이었다. 이어 뵐플린은 1915년 출간된 『미술사의 기초 원칙』이라는 저서를 통해 후세에게 바로크 미술을 진정으로 재발견하는 길을 터주었다. 그는 이 책에서 르네상스 양식과 바로크 양식을 대조하면서 두 양식의 고유한 특징을 드러내는 동시에 바로크 양식을 르네상스 양식의 하위 개념으로서가 아니라 대등한 개념으로 파악하였다.

그 후로 바로크 개념은 예술 분야에서 문학 분야로 확대 적용6)되면서, 유럽 문명사에서 르네상스와 고전주의 시대 사이에 낀 시기의 작품들과 작가들을 지칭하게 되었다. 앞서 언급했듯이 프랑스에서는 1950년대 들어 루세가 베르니니와 보로미니의 건축 예술에서 추출한 기준들을, 이른바 바로크 시대 문학 작품들에 적용시키면서 바로크 문학의 본질적인 특성들을 구체화하기에 이른다. 루세에 따르면 우리가 '바로크'라 명명할 수 있는 작품들은 대개 불안정성, 유동성, 변신, 장식의 지배라는 네 가지 특징을 지닌다고 한다. 물론 루세 자신도 인정하고 있듯이, 조형예술에서 추출한 기준들을 문학 작품에 그대로 적용한다는 것은 불가능할 뿐만 아니라, 그 결과가 오류에 이를 위험이 있기는 하지만 이 같은 대담한 시도가 분명 20세기 중반까지 제대로 된 평가를 받지 못했던 바로크 문학을 새로운 각도에서 재조명함으로써 제 자리에 복원시키는 데 큰 공을 세웠다는 점은 부인할 수 없는 사실이다.

이러한 성과들에 힘입어 오늘날 바로크는 유럽 문명사에서 빼놓을 수 없는 중요한 순간으로 간주되고 있다. 하지만 각 분야에서 증대되는 바로크라는 용어의 중요성과 함께 용어가 지니는 의미의 장 역시 계속해서 확대되고 있다는 사실을 지적해야 할 필요가 있다. 현대인의 사유 속에서 바로크의 영역은 하나의 특정한 예술에 나타난 특정한 형식이라는 협의의 의미에서부터 인류 문명의 한 단계요, 인간 정신생활의 한 표현이자 하나의 세계관이요, 시대징신이라는 광의의 의미까지 자유롭게 넘나들고 있다. 더 나아가 몇몇 비평가들은 바로크란 용어를 어떤 예술 분야에서든 독창성을 추구하는 작가나 작품에 대해 보내는 최대한의 찬사의 의미로 사용하기도 한다. 바로크라는 용어가 처음 예술 분야에 적용될 때 '바로크적'이라 비난 받던 기이함이 이젠 시대와 작품을 막론하고 규범과 전통을 전복시키는 창조성의 증거로 인정받게 된 것이다. 그리하여 도르스(Eugenio D'Ors) 같은 스페인 연구가는 바로크를 시대와 공간을 초월하는 '문화의 일반적인 경향'으로 보면서, 바로크는 흔히 '바로크 시대'라 규정하는 연대적인 테두리를 넘어 다른 시대, 다른 장소에도 나타날 수 있다고 주장하였다. 왜냐하면, 문학과 예술 분야에 있어 조화로운 이성, 균형과 안정의 미, 혹은 논리적인 규칙 등에 어긋나는 것을 바로크라 한다면 바로크, 즉 정열이나 공상이 규율에 우선하는 정신을 추구한 시대는 인류의 역사에서 볼 때 비단 바로크 시대의 유럽에서뿐 아니라, 여러 시대 이곳저곳에서 두루 발견되기 때문이다. 이러한 주장을 펼친 도르스가 스페인의 상징인 투우에서 대표적인 바로크 정신의 출현을 본 것은 어쩌면 당연한 일이었다.[7]

바로크와 고전주의

바로크 연구가들이 바로크 개념을 이해하기 위해 흔히 사용해 온 방법은 바로 고전주의와의 대척점에서 바로크를 바라보는 것이다. 바로크와 고전주의는 서구 문예사를 설명하는 데 있어 뗄래야 뗄 수 없는 관계로 존재해 왔다. 하지만 바로크 양식을 고전주의와 비교해 설명할 때, 먼저 짚고 넘어가야 하는 문제가 있다. 바로 바로크뿐 아니라 낭만주의 개념과도 대비되는 역사 개념으로서의 '고전주의'는 문학, 연극, 음악 또는 조형예술에서 저마다 시대를 달리해서 나타났고, 또 나타나는 형태도 달랐다는 것이다. 문학에서의 고전주의는 고대 그리스로마의 고전을 모방해 성립된 작품들을 통칭하는 것으로 특히 라신(Jean Racine)의 비극 작품들을 대표로 하는 17세기 후반 프랑스 문학 경향을 일컫는 말이다. 한편 미술, 혹은 조형예술에서의 고전주의는 기원전 5세기의 그리스, 16세기의 르네상스 전성기, 17세기의 프랑스 미술을 모두 지칭할 수 있는 개념으로, 바로크와의 비교 대상으로 언급된 고전주의는 이론가에 따라 때론 16세기 르네상스 양식을, 때론 17세기 프랑스 미술에서 나타난 고전주의 양식을 지칭하게 된다. 한 예로 조형예술에서 바로크와 고전주의를 구분했던 뵐플린의 경우, 고전주의 양식은 곧 16세기 르네상스 양식을 의미하는 것이었다.

어쨌든 17세기 전후의 서구 유럽 문화사를 바로크와 고전주의라는 양대 개념으로 접근하는 일은 어제 오늘의 일이 아니다. 일반적으로 서구의 문예비평 전통은 니체(Friedrich Nietzsche)가 서구 예술의 발전을 논하며 언급한 '아폴론적인 것'과 '디오니소스적인 것' 사이의 구분을 충실히 따르고 있다. 니체는 자신의 저서 『비극의 탄생』에서 그리스 신화의 주신 디오니소스의 도취적, 창조적 충동과 태양신 아폴론의 형식, 질서에 대한 충동에 대한 대비를 예로 삼아 고대 그리스 시대의 문화를 절대적 비율과 규칙이 존재하는 아폴론적인 예술과 파괴와 변화, 생성을 주로 하는 디오니소스적 예술로 구분했다. 니체에 따르면 그리스 조각의 형식미에서 볼 수 있듯 조형예술이야말로 아폴론적 인간이라 할 수 있는 조각가의 예술이며, 반대로 격정적인 약동이 느껴지는 비조형적 음악예술은 디오니소스적 예술이라고 할 수 있는데, 이 두 가지 예술형태가 조화롭게 결합되어 탄생한 것이 바로 그리스 비극이라는 것이다.[8] 이처럼 그리스 비극의 탄생과 완성을 아폴론적인 것과 디오니소스적인 것이라는 두 가지 원리로 해명하고자 했던 니체의 이론이 타당하든 아니든 간에 니체가 확립한 이러한 개념이 이후 예술사에 커다란 족적을 남겼다는 사실만큼은 부인할 수 없는 사실이다.

　고전주의를 조화, 균형, 질서를 지향하는 문예 경향으로 파악하는 이들은 바로크에서 반대로 삶의 역동성, 격동하는 움직임과 변전에의 욕구를 본다. 고전주의가 엄격한 형식과 규칙의 규제를 받는다면, 바로크는 오직 작가의 예술적 영감을 존중하며 영감 외의 어떠한 구속에도 복종하기를 거부하는 작가의 자유정신의 표출이다. 그리하여 도르스는 바로크의 특징으로 활력과 역동성, 연극성, 에너지와 움직임을 보았고, 반대로 고전주의의 특징으로는 자발적인 표현을 자제하고, 이성에 기초한 질서를 추구하는 것 등이 있다고 파악했다. 또한 조형예술을 연구 대상으로 삼았던 뵐플린은 바로크와 고전주의를 다섯 개의 항목으로 구분하여 양극화시키는데 성공했다. 그에 따르면 첫째, 바로크는 '회화적인 예술(art pictural)'로 물체의 형태를 중시하고 분석적인 방법으로 사물의 본질을 추구하는 '선적인 예술(art linéaire)'인 고전주의와는 달리 형태보다 움직임을 중시하면서, 미끄러짐이나 역동성, 부피, 색채 등을 선호한다. 둘째, 고전주의가 건물의 돌출부와 움푹 들어간 부분을 균일한 패턴으로 어울리게 조화시킴으로써 전반적으로 평면적 인상을 준다면, 바로크는 건물의 요철 부분을 이질적인 패턴으로 결합시켜 공간의 깊이를 추구하는 한편 건물의 모서리를 둥글리는 방법 따위를 통해 본체와 돌출부의 경계를 애매하게 만드는 경향이 있다. 셋째, 어떤 작품이든 일정한 법칙을 충실히 따르면서 '닫힌 형식'을 추구하는 고전주의와는 달리 바로크 작품의 의미는 모든 방향으로 넘쳐나고, 분해, 해체, 단절될 가능성을 배제하지 않음으로써, 관객 혹은 독자의 상상력에 호소하는 '열린 형식'을 지향한다. 다시 말해 고전주의가 정해진 격식에 의한 '필연적 효과'를 추구하는 반면 바로크는 파격에 의한 '우연한 효과'를 얻으려 하는 것이다. 넷째, 고전주의 양식에서는 전체와 개별간의 동질적인 균형이 이루어지는데 비하여 바로크 양식의 경우에는 개별적 부분이 독립된 가치를 상실하고 전체 속에 함몰되어 절대적 통일성에 귀속된다. 그러니까 바로크 작품의 모든 개별 부분은 하나의 중심점을 향하는 전체적인 통합성을 추구하는 가운데 놓이게 된다. 마지막으로 절대적 명료성을 추구하며 단순 명쾌함의 미를 지향하는 고전주의와는 달리 바로크 양식에서는 형태를 완벽하게 모두 드러내는 대신 불확실하고 애매한 이미지만이 드러나면서 암시적인 분위기를 띠며, 때로는 신비로운 느낌을 주기도 한다.[9]

그런데 여기서 우리는 뵐플린을 비롯하여 많은 예술사가들이 주장한 바대로 고전주의와 바로크가 그 특성으로 보나 시기적으로 보나 확연히 구분되는 예술 미학 혹은 세계관인가라는 의문을 품을 수 있다. 17세기 유럽을 지배했던 바로크와 고전주의는 세상을 서로 다른 관점에서 바라본 세계관이라는 점에서는 이론의 여지가 없다고 할 수 있다. 고전주의자들이 인간과 세상의 모든 것을 변하지 않는 것, 영원한 것, 안정된 것을 중심으로 바라보았다면 바로크 인간들은 시간의 흐름 속에서 인간을 포함한 세상 만물이 변화하는 비항구적인 성격에 초점을 맞추었다. 하지만 이런 차이점에도 불구하고 그것이 문예사조와 관련될 때는 바로크와 고전주의가 흔히 말하듯 서로 상반되는 이상을 추구한 두 개의 범주였다고 단정적으로 말하기는 어려울 듯하다. 역사적으로 볼 때 유럽에서 바로크 사조가 가장 활발하게 발전하던 17세기에도 프랑스와 영국은 계속해서 고전주의 양식에서 영감을 얻었고, 나름대로 독자적인 고전주의 양식을 개척해 나갔다. 뿐만 아니라 17세기 바로크 미술 혹은 문학의 거장들은 고대에 대해서 깊은 존경심을 품고 있었으며, 어떤 의미에서 바로크 형식을 빌려 고전주의 이념을 추구했다고 볼 수 있다.

건축 분야의 예를 한번 들어보자. 오늘날 바로크의 세기로 불리는 17세기 프랑스의 대표적인 건축물인 베르사유 궁전의 건축양식은 바로크인가 고전주의인가? 화려한 조상들과 그림들이 즐비하게 늘어선 갤러리들을 비롯하여 사치스러운 실내장식에 심혈을 기울인 흔적이 엿보이는 베르사유 궁전은 분명 장식적 특성이 강한 바로크 양식의 건축물이다. 또한 수많은 건축가, 조각가, 화가, 공예가들의 예술적 작업들이 오직 루이 14세의 영광을 만천하에 알리기 위한 단 하나의 목표를 위해 행해졌다는 사실 자체만으로 베르사유 궁전은 이미 충분히 바로크적이다. 반면 루이 14세 후반기의 건축 사업을 주도했던 쥘 아르두엥 망사르(Jules Hardouin Mansart)가 건축한 베르사유 궁전의 정원 쪽 파사드와 일명 대리석의 트리아농이라 불리는 그랑 트리아농(Grand Trianon)은 프랑소아 망사르(François Mansart)와 클로드 페로(Claude Perrault)로부터 이어지는 프랑스 고전주의 건축 정신이 십분 살아있는 건축물이다. 거기에다 루이 14세의 개인 통치가 시작된 1661년 이후 더욱 확고하게 자리 잡기 시작한 '고전주의 예술이론'[10]은 분명 루이 14세 치하에서 진행됐던 베르사유 궁전 건축에도 영향을 주었음에 틀림없다.

또한 프랑스 문학사에서 볼 때 고전주의 비극의 선구자 코르네유(Pierre Corneille)의 초기 작품은 바로크의 세례를 흠뻑 받은 것들이며, 고전주의 희극의 완성자 몰리에르(Molière) 역시 수많은 발레극들을 통해 규칙극의 틀에서 벗어났다. 하물며 고전주의 비극의 대가로 불리는 라신마저도 후일 자신을 비호하는 왕과 대귀족들을 위해 오페라 대본을 쓰고, 음악이 들어가는 서정 비극을 쓰는 등 바로크적인 면을 지니고 있다는 점은 곧 17세기의 경우에는 바로크 혹은 고전주의라는 라벨 중 어느 하나만으로 완전히 설명할 수 없는 작가 혹은 작품들이 많다는 사실을 증명해 주는 것이 아니겠는가?

프랑스의 바로크 연구가 프레데릭 다사스(Frédéric Dassas)는 자신의 저서 『바로크의 꿈』에서 바로크와 고전주의를 다루며 "루이 14세의 프랑스는 바로크적 프랑스이자 고전주의적 프랑스"이며, "17세기는 바로크적 세기이자 고전주의의 세기이기도 하다."[11]라고 썼다. 이런 의미에서 본다면 또 다른 바로크 이론가 제르맹 바쟁(Germain Bazin)의 얘기처럼 고전주의와 바로크 개념을 명확하게 구별하려는 노력이 무의미한 것일 수도 있겠다.[12] 어쨌거나 각자가 추구하는 이상과 겉으로 드러나는 양상은 서로 다를지언정 고전주의와 바로크는 처음부터 뿌리가 다른 두 줄기의 역사를 지녀온 것이 아니라, 뿌리가 같은 한 줄기의 나무에서 갈라진 두 양식이라는 점을 생각한다면, 베르니니나 보로미니, 혹은 구아리니(Guarino Guarini) 같이 항상 바로크적이라고 인정할 수 있는 이탈리아 건축가들의 작품들을 제외한 나머지 많은 작품에서 맞닥뜨리게 되는 바로크와 고전주의의 공존이라는 문제 앞에서 보다 너그러운 태도를 취할 수 있을 것 같다.

바로크와 로코코

　바로크를 논할 때면 고전주의와 함께 약방의 감초처럼 등장하는 또 하나의 개념이 바로 '로코코'이다. 로코코라는 단어는 18세기 후반에 프랑스 가구 제조 기술자들 사이에서 보편적으로 사용된 용어로, 루이 15세 시대의 가구 장식을 일컫는 말이었다. 이 시대의 장식 세공사들은 17세기 말 프랑스에서 탄생한 로카유(rocaille) 장식을 본받아 목재로 된 가구에 구불구불한 형태나 뇌문(雷紋) 형태의 장식을 즐겨 새겨 넣었는데, 이런 로코코 취향의 장식이 지나치게 극단적으로 흘러가면서 많은 비평가들에게 경시의 대상이 되었다. 1754년 한 비평가가 쓴 「장식 세공사에게 보내는 청원」이라는 편지에서 발췌

한 아래 글은 로코코 양식에 대한 당대 비평가들의 생각을 잘
보여준다.

> 우리는 그들에게 직선적인 목제품을 공급해줄 것을 요청
> 한다. 그들은 구불구불한 형태로 일을 하여 우리에게 많은
> 비용을 소비하게 한다. 그들은 우리의 침실을 만드는 현대
> 건축가의 취향에 맞도록 문을 곡선으로 만듦으로써 목제품
> 을 직선으로 하는 것보다 더 많이 낭비하게 한다. 우리는 직
> 선의 문과 곡선의 문을 모두 겪어 보았으므로, 곡선의 문에
> 아무런 이점도 없다는 사실을 잘 알고 있다. 방의 곡면에서
> 는 의자와 가구를 어떻게 배치해야 할지 모른다는 점 이외
> 에는 편리함이라고는 없다.[13]

이처럼 원래는 루이 15세 시대에 유행한 장식적 양식에 대
해 대개 경시하는 의미로 사용하던 로코코라는 말은 점차 장
식 분야에 제한되지 않고, 그 의미가 확대되기에 이른다. 그리
하여 오늘날에 와서는 실내장식뿐만 아니라 회화나 건축을 포
함한 프랑스 혁명 전 18세기 유럽 미술 양식을 지칭하게 되었
으며, 넓게는 동시대의 문화나 풍조를 가리키는 말로 쓰이기
도 한다.

남부 독일에서 꽃을 피운 18세기 로코코 건축양식은 무엇
보다도 "내부 공간에 대한 관심, 건축의 각 부분들의 연결에
서 나타나는 큰 유연성, 구조적 기교를 보강하는 장식의 해체

와토, 「시테르 섬의 순례」

적 효과의 사용, 그리고 파사드의 처리에 대한 상대적인 무관심"14)으로 압축된다. 한편 그 주제 면에서나 기교 면에서 개인적이고 은밀한 사생활에 대한 취향과 섬세하고 세련되며 감각적인 자유의 자발적인 표현을 추구하는 로코코 양식이 잘 드러나 있는 것은 18세기 회화에서이다. 그중 아카데미 입회 작품으로 그린 「시테르 섬의 순례」에서처럼 음악과 댄스가 있는 전원에서 남녀의 사랑의 회합인 '페트 갈랑트(fêtes galantes)'를 주제로 하는 와토(Jean-Antoine Watteau)의 그림들은 로코코 회화의 정수를 보여주는 것들이다.

바로크와의 관계 하에서 볼 때, 로코코 건축은 대규모의 궁전 혹은 교회 건축을 통해 권위를 과시하고 드러내는 과시의 미를 그 기본으로 하고 있는 바로크와는 달리 약간의 예외를 제외하고는 대개 이러한 과시의 미를 단호히 거부하고, 개인의 저택이나 별장 등 호젓하고 은밀한 공간을 중심으로 외관의 화려함보다는 실내 공간의 아담하고 섬세하며 우아한 미를 추구했다는 점에서 바로크와 구별된다고 할 수 있다. 그렇지만 사실 그 형태나 양식의 원리 자체로 볼 때는 바로크 양식의 연장이라고 볼 수 있는 점이 많다. 실제로 오늘날 많은 바로크 건축 연구가들이 지적하고 있듯이 남부 독일의 로코코를 규정짓는 건축 원리들은 이미 17세기 건축에서 부분적으로 나타나고 있으며, 구체적으로 보아도 보로미니 혹은 구아리니와 로코코 건축의 대표 건축가인 크리스토프 딘첸호퍼(Christoph Dientzenhofer) 사이엔 뚜렷한 단절이 존재하지 않음을 알 수 있다. 이처럼 남부 독일의 건축과 실내장식은 바로크와 로코코 양식의 혼재를 보였으며, 그런 이유로 오늘날 18세기 남부 독일 건축물들을 '바로크 로코코'라는 명칭으로 부르기도 하는 것을 보면, 로코코와의 대비를 통한 바로크 개념의 정립 또한 쉬운 일만은 아닌 듯하다.

모호한 바로크

지금까지 살펴본 바와 같이 가장 좁은 의미에서부터 가장 넓은 의미로, 아니 어쩌면 가장 모호한 의미로까지 확대되어 사용되고 있는 바로크 개념 앞에서 혹자는 깊은 절망감을, 혹자는 당황함을 느낄지도 모를 일이다. 실제로 "바로크의 개념에 대해 만족스러운 정의를 내리는 것이 불가능한 일이라면,

정의를 내리는 일이 필요한 것인지 아닌지 또한 불확실한 일이 될 것"[15]이라는 프레데릭 다사스의 말이나, 얼마 전 새로 구입한 2002년판 프랑스 문학사전에서 마주친 "반세기 전부터 바로크 개념의 변함없는 특징은 분명 그것의 의미를 모두 포함하는 정의를 내릴 수 없다는 어려움에 있다."[16]라는 바로크의 정의에 이르기까지 이미 많은 이들이 바로크 개념을 하나로 정의내리는 데 있어 어려움을 토로한 바 있다.

바로크란 무엇인가? 과연 유일하게 하나로 정의내릴 수 있는 바로크 미학이라는 것은 존재하는가? 이런 질문들 앞에서 수많은 의미로 중첩된 바로크라는 용어는 귓가에 울려 퍼지는 메아리처럼 공허하고도 모호하게 들리는 것이 사실이다. 그렇다면 어떻게 할까? 여기서 바로크의 세계로 떠나는 우리의 여행을 포기해야 할까? 아니, 지금이야말로 생각의 전환이 필요한 때이다. 바로크란 것이 그 개념의 정의내릴 수 없음으로 정의된다면 바로크를 찾아 떠나는 우리의 발걸음이 오히려 조금은 가벼워지지 않겠는가. 앞으로 마주치게 될 바로크의 여러 풍경들에 시선을 보내고, 그중 마음에 드는 곳에선 시간을 두고 한참 동안 쉬어간들 또 어떠랴. 정해진 하나의 목적지를 향해 길을 나서지 않았는데 굳이 서둘러 발길을 재촉할 필요가 없지 않겠는가······.

역사 속의 바로크

바로크 시대의 탄생

유럽 문명사에서는 보통 17세기를 '바로크 시대'라 지칭하고 있다. 이처럼 17세기 유럽을 바로크 시대라 규정짓는다는 것은 곧 바로크란 개념이 일정 기간의 역사를 포괄적으로 이해할 수 있게 해주는 역사적 비평 도구가 될 수 있음을 뜻한다.

오늘날 여러 가지로 의미가 확장되면서 하나로 정의내리기 어려운 개념이 되어버린 바로크는 역사적인 관점에서 볼 때는 분명 유럽사의 한 시기에 특정한 역사적, 사회적 맥락을 가지고 탄생한 현상이었다. 많은 바로크 연구가들은 나라별로 약간의 차이는 있지만, 바로크 사조가 대략 1560년경에서 1598년경에 생겨난 것으로 보고 있다. 이 시기는 유럽 문명사에서 르네상스의 찬란했던 문화가 막을 내리고, 새로운 문명으로 들어서는 전환기이자 격동기로서 바로크는 이 시대의 정신적, 사회적, 정치적 혼란을 대변해 주는 일종의 시대적 감성이라고 할 수 있다. 다시 말해 바로크는 16세기 유럽 문명사의 한 축을 형성하는 종교개혁과 그에 따른 종교전쟁이 몰고 온 종교적 위기와 깊은 관련이 있으며, 당시에 이루어진 신대륙의 발견과 과학의 발달로 인해 지구뿐 아니라 인간 역시도 우주의 중심이 아님을 깨달은 데서 비롯한 지적인 혼란에서 야기된 하나의 세계관이었다. 또한 당대 유럽 전역을 휩쓸고 지나간 기아와 전염병 역시도 인간 생명과 삶의 덧없음에 대한 성찰을 가능하게 하면서 바로크 감성의 형성에 큰 역할을 하게 된다.[17]

종교전쟁과 반종교개혁(la Contre-Réforme)

1517년 아우구스티노 수도회에 몸담고 있으면서 신학 대학 교수였던 마틴 루터(Martin Luther)가 당대 가톨릭교회에서 관행처럼 여겨져 온 면죄부 판매에 대한 자신의 반대 입장을 아흔다섯 가지로 정리하여 비텐베르크에 있는 교회 문에 내걺으로써 가시화된 종교개혁은 교황과 황제에게 불만을 가진 제후, 시민, 농민 등의 지지를 받으면서 점차적으로 그 세력을 확장해 갔다. 아울러 거의 같은 시기에 스위스에서 성서의 복음주의에 입각한 금욕생활을 주장한 칼뱅(Jean Calvin)의 교리 역시 프랑스, 네덜란드, 영국 등 여러 나라에서 환영과 지지를 받으며 종교개혁을 성공시키는데 일조하였다.

이처럼 전 유럽에 신교가 확대되자 가톨릭교회 내에서도 조직을 강화하고 내부의 혁신을 꾀하려는 반성적인 시도들이 생겨났다. 또한 신교도들의 공격에도 나름대로 진리가 없지 않음을 간파한 교황은 공의회를 소집하게 되는데, 그것이 바로 트리엔트 공의회(Concile de Trente, 1545~1563)이다. 트리엔트 공의회는 가톨릭 교리를 재확인하고, 교황의 지상권을 재천명하는 한편, 신교에 대해서는 강경한 입장을 고수하면서 앞으로 종교재판을 강화히여 이단을 처단하고 교리에 어긋나는 서적을 금지시키기로 결정하였다. 루터의 돌출 행동이 종교개혁을 통한 기독교의 분리를 불러일으켰다면 트리엔트 공의회의 강령은 반종교개혁의 시발점이 된 것이었다.

그러나 이 같은 가톨릭교회의 반격에도 불구하고, 신교도 세력은 나날이 세력을 확장하며, 그 위세를 떨쳐갔다. 프랑스에서도 마찬가지로 프랑소아 1세와 앙리 2세에 의한 계속된 박해에도 불구하고, 칼뱅의 교리를 따르는 위그노(Huguenot)들이 프랑스 전역에서 급속하게 퍼져 갔다. 사정이 이렇게 되자 신교도들에 대한 박해는 더욱더 심해지게 되었고, 급기야는 1562년부터 시작해서 1598년 앙리 4세가 종교의 자유를 인정하는 낭트 칙령(l'Edit de Nantes)을 발표할 때까지 종교전쟁을 여덟 번이나 겪는 비극적인 결과를 맞게 되었다.

신교도와 구교도 간의 피비린내 나는 싸움은 참으로 잔혹하였다. 한 예로 이자벨 아자니(Isabelle Adjani)가 타이틀 롤을 많은 영화 「여왕 마고」의 배경이 되는 1572년 성 바르텔레미 대학살 때는 구교도인 발로아 왕조의 마르그리트 공주와 후일 앙리 4세가 되는 신교도 앙리 드 나바르의 결혼식을 위해 파리에 모였던 많은 신교도들이 처참하게 학살되어, 파리의 센 강이 그들의 피로 붉게 물들었다고 한다. 이처럼 잔인했던 종교·시민전쟁은 바로크 감성의 형성에 큰 영향을 미치게 된다. 죽음과 폭력을 지향하고, 병적이고 고뇌에 찬 감각을 추구하는 바로크의 정신은 바로 종교전쟁이라는 역사적 산물에서 비롯된 것이다. 또한 같은 시기 전 유럽을 강타한 기아와 전염병이라는 대재앙도 유럽의 인구를 현저하게 감소시켰을 뿐 아니라 죽음과 맞닥뜨린 비극적 현실을 당대인들의 머릿속에 각인시켜주는 계기가 되었다.

종교전쟁은 또한 16세기 사람들에게 종교적인 위기만을 가져다 준 것이 아니었다. 종교전쟁은 종교뿐만 아니라 사회와 정치의 기저를 뒤흔드는 사건이었다. 이전 르네상스 시대까지 유일신의 교리로 무장한 기독교의 절대적 권위는 그 누구도 넘볼 수 없는 철옹성의 요새였다. 그런데 이제 종교개혁을 통해 이단이 등장하게 되자 비단 종교만이 아니라, 당시 사회 전체를 떠받치고 있던, 중앙집권적 군주제도 역시 그 권위를 상실하게 되면서, 정치적 권력 또한 여러 사람의 손으로 분산되기에 이르렀다. 바로크 예술이 다양성을 좋아하고, 여러 요소들이 흩어지는 효과를 추구하는 것은 이러한 시대적 배경에 힘입은 바가 크다고 하겠다.

선전 도구로서의 바로크 예술

신교도들의 위세가 커져 가면 갈수록 가톨릭교회의 반종교
개혁 운동 역시 그 정도가 강해졌다. 가톨릭교회는 신교도들
의 공격에 맞서 가톨릭 교리를 사수하기 위해 모든 수단과 방
법을 동원했다. 반종교개혁 운동의 가장 큰 목표는 가톨릭교
회의 위대함과 웅장함을 찬미하고 고양시키는 방법으로 가톨
릭 교리의 우세를 만천하에 알리는 데 있었다. 신의 은총을 잃
은 인간의 불행에 대한 확신을 가지고 있던 신교와는 달리 가
톨릭교회는 인간의 의지와 노력의 가치를 인정했으며, 금욕적
인 신교의 교리에 맞서 관대함, 고결함, 영웅주의와 같은 가치
들을 높이 평가했다. 뿐만 아니라 성화(聖畵)를 교회에서 몰아
내고, 조각상들을 우상숭배로 간주하는 성상 파괴주의적인 신
교와는 반대로 그리스도와 성모 마리아, 그리고 여러 성인들
의 이미지에 대한 숭배를 더욱 강화했다. 이런 상황에서 예술
가들의 역할은 당연히 커질 수밖에 없었다. 로마 교황청은 가
톨릭 교리의 우월함을 알릴 수 있는 예술 행위를 인정하였을
뿐만 아니라 적극적으로 권장하기에 이르렀다. 이제 예술은
종교적인 선동의 도구가 되어 신교에 맞서 사도 전승의 로마
가톨릭교회를 위해 싸우는 임무를 띠게 된 것이다.

이와 같은 정책 덕분에 좁고 불결한 거리에 쥐들이 득실거
리는 중세 가옥들과 붕괴된 유적의 잔해들만 가득했던 16세기
의 로마는 점차 아름다운 건축물과 돔형 지붕들이 늘어선 멋

진 거리로 변해 갔다. 화려한 건물에 들어선 교회의 내부는 대리석과 금으로 치장되었고, 여러 가지 색으로 채색된 그림과 조각상이 즐비한 예술품의 보고가 되었다. 물론 교회를 단지 신이 머무르는 곳이라고 생각하는 신교도들에게 로마 가톨릭교회의 화려하고 장식적인 예술에 대한 취향은 인정할 수 없는 것이었다. 신교도들의 눈에는 바로크 취향의 가톨릭교회가 헛된 명예와 사치를 쫓는 인간들의 허영심에서 나온 낭비의 산물이요, 죄악일 뿐이었다. 하지만 화려한 장식적 효과에 치중하는 가톨릭교회의 취향은 신에 대한 은유화된 이미지를 배격하는 신교와 이슬람교의 태도에 맞선 대응책만은 아니었다. 가톨릭교회에 있어 예술을 도구로 하는 종교적 선동은 일종의 '설득 전략'에 해당되고, 이러한 전략 하에서는 흔히 공작새로 상징되는 과시의 미학은 하나의 테크닉이었다. 반종교개혁 운동은 가톨릭교회로부터 이탈하는 신자들을 유혹하기 위해 그들을 아름다움으로 매혹시키고자 했다. 또한 모든 저항을 무력화시키기 위해 섬광처럼 빛을 내뿜는 아름다움을 무기로 내세웠다. 이는 먼저 신자들의 미적 감각을 만족시킴으로써 결국에는 그들의 마음을 붙잡을 수 있으며, 어떠한 사람이든 아름다운 교회에서 만나는 신의 이미지들을 통해 은총에 대한 일체의 회의를 버리고 추호의 의심 없이 신과 구원의 세계를 믿게 될 거라는 로마 가톨릭교회의 믿음에서 비롯된 전략이었던 것이다.[18]

　이러한 가톨릭교회의 논리가 옳든 그르든 간에 여하간 당대의 예술가들이 그 덕분에 많은 재정적인 혜택을 입은 것은 부인할 수 없는 사실이다. 트리엔트 공의회에서 예술 작품은 언제나 교훈을 담고 있어야 한다고 천명한 이래로 많은 예술가들이 기꺼이 반종교개혁의 선봉에 섰으며, 로마 교황청은 그들을 위해 지갑 끈을 풀고 돈을 쏟아 부었다. 그 결과 베르니니와 같은 이는 그야말로 돈방석에 올라앉게 되었다. 이를 두고 혹자는 예술과 종교의 '부적절한 관계'에 눈살을 찌푸릴지도 모를 일이다. 그러나 어쩌겠는가. 어느 나라, 어느 시대를 막론하고 선전 혹은 선동에는 돈이 들기 마련인 것을. 마치 바로크 시대에서 수백 년 떨어진 오늘날에도 여전히 천문학적인 돈들이 모든 분야에서 선전, 선동비로 사용되고 있는 것처럼 말이다.

지적 혼란과 총체적 위기

종교전쟁의 참화가 휩쓸고 지나간 바로크 탄생기는 또한 신대륙의 발견과 과학 발전으로 인해 유럽인들의 인간관과 세계관에 큰 변화가 일어난 시기이기도 하다.

15세기 말 스페인 탐험가 콜럼버스의 신대륙 발견에 이어 1519년 마젤란의 세계 일주 항해가 시작되면서 그때까지 안정되고 조화로운 기성 질서와 지식에 만족하고 있던 유럽 문명은 그 근본부터 흔들리는 위기를 맞게 된다. 경제적인 면에서 볼 때 신대륙의 발견은 유럽 사회에 세계 각지의 진귀한 산물들이 들어오는 계기가 되었고, 장차 식민지 개발을 통한 부의 축적을 가능케 하는 밑거름이 되었던 것이 사실이다. 하지만 그와 함께 유럽 사회는 지금까지 유일무이한 것으로 믿었던 자신들의 문명 말고도 다른 문명들이 지구상에 엄연히 존재하고 있으며, 자신들과 다른 종교, 다른 풍습과 사고방식을 가진 이들도 그들만큼이나 행복하고 현명한 삶을 살아가고 있다는 것을 깨닫게 된다. 이러한 사실은 기독교를 중심으로 한 유럽 문명을 절대적 기준으로 삼고 있던 유럽인들의 정신적 기반을 뒤흔들기에 충분했다. 그 결과 여러 체험을 통해 지구상의 사람들이 모두 다 같은 방식으로 생각하지 않으며, 타문명에 대해 지금껏 '야만'이라고 불러왔던 것이 사실은 유럽인들의 일반적인 편견에서부터 비롯되었음을 간파한 당대의 지식인들은 지금까지 진리라고 믿어왔던 모든 것들에 대해 의심하고 질문을 던지는 회의주의로 돌아서게 된다. 그 대표적인 사람이 바로 『수상록』의 저자 몽테뉴(Michel de Montaigne)이다. 몽테뉴는 1562년 루앙에서 세 명의 원주민을 만난 개인적 경험과 브라질을 다녀온 사람들을 통해 들은 정보를 토대로 관습의 상대성을 주장하며 다음과 같은 글을 쓰게 된다.

사람들이 전해준 얘기에 따르면, 이들이 사는 나라에는 야만이라든가 원시적인 것은 아무 것도 없다는 생각이 든다. 각자가 자신의 관습에 맞지 않는 것을 '야만'이라 부르지 않는다면 말이다. 사실 우리는 진실과 이성을 가늠하는

데 있어 우리가 살고 있는 나라의 관습 혹은 여론의 예를 따르고 있을 뿐이다. 그 나라에도 언제나 완벽한 종교, 완벽한 경찰뿐 아니라, 모든 것에 대한 완벽하고 완결된 관습들이 있어 왔다.[19]

몽테뉴에 따르면 인간은 관습에도 이성에도 의지할 수가 없다. 우리의 감각 역시도 우리를 속일 뿐이다. 흔히 우리는 관습에 따르는 것이 현명하다고 생각하지만 관습에만 의존할 수는 없다. 왜냐하면 관습 또한 우연의 신물이기 때문이다. 실제로 사람들이 지켜야 하는 법과 규칙이란 것이 정치는 물론이려니와 종교에서조차 계속해서 바뀌는 것을 보고 있지 않는가. 그렇다면 인간의 이성은 신뢰할 수 있는 것인가? 야심에 차 있고, 변하기 쉬운 인간의 이성은 사물의 모습을 흐리게 하고 혼동하게 만들 뿐이다. 이렇듯 진실을 알 능력이 없는 인간은 자기 자신은 물론이고 자기를 둘러싼 세계에 대해서도 알 수가 없다. 여기서 몽테뉴의 좌우명이자 프랑스에서 가장 유명한 문고판 시리즈의 제목이 되어버린 '나는 무엇을 아는가(Que sais-je)?'라는 명제가 나온다. 물론 이는 일체를 무조건 의심하는 극단적인 회의주의와는 거리가 멀다. 몽테뉴의 회의주의는 반대로 자기가 잘 알고 있다고 믿는 것에 대해서조차 끊임없이 물음을 제기하는 유연하고 열려있는 정신으로, 무엇보다 자기 성찰에 주안점을 두는 온건한 회의주의였다.

어쨌거나 몽테뉴를 필두로 16세기 후반 지식인들 사이에 유행하던 회의주의는 후일 꽃을 피우게 되는 바로크 사상에 여러 가지 형태로 영향을 끼치게 된다. 바로크 시인 혹은 극작가들은 자신의 작품 속에서 우주 만물의 변화무쌍함과 덧없음을 표현하기 시작했다. 사랑 역시 예외는 아니었다. 바로크 시대 문학에 자주 등장하는 사랑의 모습이 배신과 변절, 변덕쟁이들로 가득 차 있는 것은 바로 이런 이유에서였다. 한편 이 세상에서 확실한 것은 아무 것도 없고, 과거에 진리였던 것이 오늘은 더 이상 진리가 아닐 수도 있다는 현실 인식은 상당수의 당대 지식인들을 일종의 '쾌락주의', 더 나아가 '리베르티나주(libertinage)' 사상의 신봉자로 만들었다.[20] 이 세상 만물 모두가 변하고 영원한 것은 존재하지 않는다면, 굳이 우리 이성으로 확인할 수도 없는 초월적인 어떤 진리 혹은 관념, 예를 들어 종교 같은 것에 복종하며 매인 삶을 살 필요가 어디 있는가? 그보다는 오히려 지금 여기 현세의 행복과 쾌락을 추구하며 사는 것이 옳지 않겠는가? 이러한 쾌락주의적 사고방식은 프랑스의 경우 17세기 초반 절정에 이른 바로크 문학뿐 아니라 후일 몰리에르나 라퐁텐(La Fontaine)의 작품에서까지 다양한 양상으로 나타나게 된다.

바로크의 전파와 예수회

바로크의 요람은 어느 면으로 보나 이탈리아의 로마이다. 로마에서 시작된 바로크의 물결은 곧 이어 유럽 전역으로 퍼저 나가게 되는데, 제일 먼저 바로크의 세례를 받은 나라는 오스트리아와 다뉴브강 주변 국가들, 그리고 독일이며, 스페인과 포르투갈이 그 뒤를 따랐다. 한편 바로크가 문화, 예술 흐름의 주조가 되어 버린 이들 나라와는 달리 영국과 프랑스의 경우는 부분적인 성공을 거두는 데 그친다. 또한 신교도 점령 지역인 북부 독일과 플랑드르 지방은 당시 전 유럽을 휩쓸던 바로크의 영향을 거의 받지 않은 것처럼 보인다. 이렇게 바로크의 영향 하에 형성된 '바로크 지대(zone baroque)'는 지형학석으로 볼 때, 시칠리아의 팔레르모에서 시작해서 리투아니아 수도 빌노로 이어지면서 마치 거대한 초승달 모양을 하고 있음을 알 수 있다. 하지만 바로크의 물결은 유럽에서 멈추지 않고 라틴 아메리카로까지 전파되었다. 이는 이탈리아에 이어 바로크의 중심지가 된 스페인의 식민지 정책에 힘입은 바 크지만, 무엇보다 이냐시오 데 로욜라(Ignacio de Loyola)가 창립한 예수회의 역할이 결정적이었다.

　예수회는 1534년 스페인 대생의 로욜라에 의해 창설된 성직 수도회이다. 성직자가 되기 전 원래 기사였던 로욜라는 1521년 팜플로나 전투에서 크게 부상을 입고, 병상에서 회심하여 그리스도를 섬기는 기사가 될 것을 결심했다. 그리하여 당시 이단을 처단하는 종교재판(Inquisition)이 횡행하던 스페인을 떠나 파리로 가서 프랑소아 사비에르(François Xavier)를 포함한 6명의 동지와 함께 예수회를 결성하고, 교황 바오로 3세에게 예수회 첫 회헌을 제출하여 40년 인가를 받게 된다. 이

나시오는 이와 함께 교황이 지시하면 무엇이든 실천하며, 어느 곳에라도 갈 수 있는 기동성과 융통성을 가진 준비된 마음으로 예수 그리스도의 군사가 될 것을 천명하였다.

바야흐로 종교개혁의 요구가 드높아지면서, 16세기 후반기 내내 이어질 종교전쟁의 싹이 자라고 있던 때였다. 이런 상황에서 로마 교황에게 충성을 맹세하는 '예수의 동반자들(La Compagnie de Jésus)'은 곧바로 반종교개혁 운동의 선봉에 서게 되었다. 당시 교황에겐 트리엔트 공의회에서 채택할 교령 작성을 위한 이론가들과 더불어 종교개혁에 맞서 싸울 투사들이 필요했던 참이었다. 예수회원들의 임무는 정해졌다. 로마 교황이 원하는 곳이라면, 이 세상 어느 곳이든 가서 가톨릭 교리를 전파하고, 특히 학교를 세워 젊고 교양 있는 가톨릭 신자들을 배출하는 것이 바로 그것이다. 그리하여 로욜라가 사망하던 1556년에 이미 45개의 예수회 소속 중등학교가 설립되었으며, 1580년에는 프랑스에 있는 14개의 학교를 포함하여 모두 144개의 학교에서 예수회 교육이 이루어지고 있었다.

세계 각지로 파견되어 교육을 통해 가톨릭 교리를 전파했던 예수회 성직자들은 바로크 미술의 교육과 전파에 있어서도 직간접적으로 커다란 영향을 미치게 된다. 예수회의 설립자이자 초대 총장이었던 로욜라의 경우 예술에는 문외한이었지만, 교회 건축에 관한 한 나름대로의 철학이 있었다고 한다.[21] 로욜라는 겸허한 예배자라면, 비록 가난할지라도 교회에 갈 때만큼은 교황의 친척들에 버금갈 정도로 화려하게 치장을 해야

한다고 생각했으며, 신이 머무르는 곳인 교회 역시도 그에 걸맞는 화려한 장식을 갖추어야 한다고 생각했다. 즉, 교회는 신의 거주지일 뿐 아니라 신앙인들과 신자들이 자유로이 쉬었다가는 휴게실을 겸하는 곳이므로 가능하면 편안하고 안락하게, 거기다 보는 즐거움까지 더하도록 설계되어야 한다는 것이다. 그리하여 로욜라는 당대 최고 건축가로 칭송받던 미켈란젤로(Michelangelo Buonarroti)에게 로마 예수회를 위한 교회의 설계를 부탁했는데 이것이 바로 후일 모든 바로크 예술가들에게 참고용 모델이 되는 일제수 교회(Chiesa del Gesù)이다.

초기 설계를 맡았던 미켈란젤로가 1564년에 사망하면서 68년 비뇰라(Giacomo Barozzi da Vignola)가 후임자로 임명되었고, 그의 설계에 따라 건물을 짓기 시작하여 84년에는 포르타(Giacomo della Porta)에 의해 파사드가 완성된 일제수 교회 내부는 넓은 단랑형(單廊型)으로 되어 있고, 트리엔트 공의회에서 의결된 요구 사항을 반영하여 라틴식 십자형 평면 계획을 적용했다는 특징이 있다. 또 교회의 중심 공간이며 신랑, 혹은 회중석이라고도 불리는 네이브와 좌우 트랜셉트가 교차하는 지점에 쿠폴라를 설치했는데, 이러한 구조는 상부에 창과 채광탑이 있어서 제단이 잘 보일 뿐만 아니라, 신자들이 설교를 듣고 종교예식을 거행하는데도 알맞다는 점에서 예수회를 중심으로 한 반종교개혁 운동의 본질에도 적합한 것이다.[22] 하지만 로마 일제수 교회에서 사람들의 눈을 사로잡는 것은 무엇보다도 유리와 청동으로 장식된 기둥을 비롯한 초호

화판 장식이다. 특히나 속세의 죄로 추락하는 인간 군상들 사이로 영광을 한 몸에 받으며, 천상의 세계를 지배하는 그리스도의 모습이 황금빛으로 눈부시게 꾸며져 있는 조반니 바티스타 가울리(Giovanni Battista Gaulli)의 천장화는 어디까지가 천장의 건축물인지, 어떤 것이 조각이고 그림인지 구분할 수 없는 착시효과를 추구하는 트롱프 뢰이유(trompe l'œil)의 기법을 통해 보는 이들로 하여금 천상과 현실의 세계를 넘나들게 한다. 이처럼 로마의 일제수 교회는 화려하면서도 환상적이기까지 한 시각적 효과를 통해 성경의 메시지를 전달함으로써 그곳에 모인 신도들에게 천국을 미리 맛보게 하고, 신에 대한 절대적인 복종을 다짐받고자 했던 반종교개혁 운동의 이념을 완벽히 구현하고 있다.

후일 바로크 양식 교회의 원형이 되는 일제수 교회의 건축 양식은 예수회 성직자들의 해외 선교에 힘입어 해외로 퍼져나가게 된다. 프랑스에 있는 예수회 수사의 집은 1627년부터 1641년 사이에 마레 지구에 세워진 생폴생루이 성당(Saint-Paul-Saint-Louis)으로, 파사드에 나타난 몇 가지 차이점을 제외하고, 내부 공간은 서로 사촌 격이라 할 만큼 일제수 교회의 영향을 많이 받았다. 1641년 루이 13세 치하의 최대 실권자였던 리슐리외 추기경(le Cardinal de Richelieu)이 첫 미사를 집전한 이래로 생폴생루이 성당은 1762년에 이르기까지 그 영광의 절정에 있었으며, 오늘날 우리에게 대표적인 18세기 프랑스 바로크 음악가로 알려진 샤르팡티에(Marc-Antoine Charpentier)와 라모

(Jean-Philippe Rameau) 가 그곳의 성가대 지휘자로 봉직했다는 사실은 흥미로운 일이다.

예수회를 통한 바로크 사상의 전파와 관련하여 한 가지 더 언급해야 할 것이 바로 예수회의 교육과정에서 빼놓을 수 없는 연극이었다. 연극은 연습과정을 통해 우아하게 자신을 표현하고 남 앞

로마 일제수 교회의 천장화.

에서 웅변할 수 있는 능력을 배울 수 있다는 점에서 분명 훌륭한 교육수단이었다. 이러한 연극의 교육적 효과를 일찍이 간파한 예수회 수도사들은 17세기 초부터 앞 다투어 예수회 소속 중등학교에서 학생 연극을 활용하기 시작했다. 주로 성경 텍스트를 바탕으로 하는 예수회의 연극은 놀이로서뿐 아니라, 학생들에게 신앙심과 더불어 고귀하고 관대한 영혼을 고취시키는데도 손색이 없었다. 연극은 학생들을 교화하는데 있어 때론 설교보다 효과적인 방법이었다. 연극을 활용한 예수회 교육방법의 영향은 학교 내에만 머무르지 않고, 17세기 유럽에 연극과 환상에 대한 취향이 퍼져나가는 데 큰 공을 세우

게 된다. 왜냐하면 청년기에 예수회 소속 학교교육을 받은 많은 작가들이 17세기를 대표하는 극작가로 이름을 날리게 되기 때문이다. 그 중 대표적인 작가로는 스페인 바로크 문학의 대가이자 '스페인의 셰익스피어'로 불리는 칼데론(Pedro Calderon de la Barca)과 작가 생활 초반 「연극적 환상」으로 대표되는 훌륭한 바로크 연극을 여러 편 남긴 프랑스의 코르네유 등이 있다.

바로크 시대의 종말

16세기 초반 이탈리아 로마에서 탄생하여 신교에 대항한 반종교개혁운동의 일환으로 전 유럽에 전파된 바로크 현상이 대략 언제쯤 종말을 고하게 되었는가에 대해서는 연구가들 사이에 아직도 의견이 분분하다. 그러나 17세기 중반에 들어서면서 여러 가지 면에서 이전 시대와의 단절이 있었음은 부인할 수 없는 사실이다. 우선 종교와 왕조, 영토 및 통상에서의 적대 관계로 인해 많은 유럽 국가들을 전쟁의 참화로 몰아넣었던 17세기판 종교전쟁이라 할 수 있는 30년 전쟁이 1648년 베스트팔렌 조약 체결을 통해 일단락됨으로써 어떤 의미로는 구교와 신교 사이의 대립과 갈등이 수면 밑으로 가라앉는 전기가 마련되었다. 한편 합스부르크 왕가의 페르디난도 3세가 1657년에 사망한데 이어, 1661년에는 이탈리아 출신으로 어린 루이 14세를 대신하여 강력한 권력을 휘두르던 재상 마자랭이, 1665년에는 스페인의 필리페 4세가 숨을 거두었다. 이로써 17세기 전반기를 장식했던 권력 구도가 바뀌고, 새로 등장한 군주 세대가 권력의 최고봉에 오르게 된 것이다. 이들은 프랑스의 루이 14세를 필두로 모두 정치, 경제, 문화면에서 근본적인 개혁에 착수하였다. 바야흐로 한 세대가 가고, 그를 대신하여 새로운 세대가 들어서는 순간이었다.

하지만 이 같은 변화가 곧 바로크의 종말을 의미하는 것은 아니었다. 물론 고전주의 이상이 확립된 루이 14세 치하의 프랑스는 모든 면에서 볼 때, 바로크적이라기보다는 고전주의의 이상을 추구하고 있다고 보는 것이 타당하다. 그럼에도 불구하고 루이 14세가 주로 기거했던 베르사유 궁에서는 여전히 연일 온갖 기계 장치가 동원되고, 가장과 변장이 주를 이룬 스펙터클이 있는 화려하고 성대한 축제가 베풀어졌음은 부인할 수 없는 엄연한 사실이다. 이는 다시 말해서 안정과 질서를 염원하는 부르주아 계층의 염원이 아카데미 프랑세즈를 필두로 하는 문학 제도들에 의해 규칙과 질서, 대칭적 균형을 강조하는 고전주의로 공고해지는 가운데서도, 루이 14세 개인을 비롯한 프랑스 궁정에서는 절대 왕권의 위력을 화려함과 사치의 예술을 동원해 드러내고자 하는 정치적 목적과 결부하여 바로크 취향을 버릴 수 없었음을 뜻한다. 한편 스페인의 경우에는 17세기 내내 바로크의 위력이 건재하게 되며, 독일에서는 앞서 살펴보았듯이 바로크 취향이 로코코 양식으로 합쳐지면서 18세기까지 그 명맥을 유지하게 된다. 여기에다 음악과 시, 노래와 스펙터클이 혼합되어, 그 어떤 예술 장르보다 바로크적

인 장르라 할 수 있는 오페라의 성공을 예로 들게 되면 연대
기적으로 바로크 시대의 종말을 논하는 것 자체가 불가능하게
되어버리고 만다.

문예사조로서의 바로크

바로크 예술과 바로크 시대 예술

바로크를 논할 때, 17세기 유럽 사회를 총칭하는 시대적 개념으로서의 바로크와 함께 살펴보아야 할 것은 바로 문예비평 도구로서의 바로크, 즉 문예사조로서의 바로크이다. 물론 문예사조사에서 바라본 바로크를 바로크 시대와 따로 떼어놓고 생각한다는 것은 불가능하다. 건축, 회화, 조각, 음악, 문학 등 여러 장르에서 바로크 사조가 꽃핀 것은 바로 1600년경부터 1750년에 이르는 150년 동안으로, 이 기간은 역사적 시대 구분으로서의 바로크 시대와 거의 일치한다고 볼 수 있다. 그런 이유로 오늘날 문예사조사에서는 일반적으로 바로크 미술과 바로크 시대 미술, 바로크 음악과 바로크 시대 음악, 바로크 문학과 바로크 시대 문학을 별다른 구분 없이 혼동해서 부르는 경향이 있다. 하지만 앞서 17세기 프랑스의 경우를 들어 지적했듯이 바로크 시대의 모든 예술이 바로크 예술이 아닌 것과 마찬가지로, 바로크 시대를 벗어난 작가들의 작품은 모두 바로크 예술이 아니라고 말할 수 없는 것만은 분명한 사실이다. 예를 들어 바로크 시대가 탄생하기 이전 르네상스 양식의 대표적인 화가요, 조각가이자 건축가였던 미켈란젤로나 매너리즘을 대표하는 화가 틴토레토(Jacopo Robusti Tintoretto) 등의 개성적이고 독창적인 작품들에서는 이미 바로크적 경향이 존재하고 있었으며, 스페인의 경우에는 독일이나 프랑스의 17세기 문학에 해당하는 바로크 문학의 황금시대가 16세기 후반부터 시작되었다. 이처럼 해당 예술 장르나 국가에 따라 바로크 예술의 시대적 분포가 다소 달라지는 점에 착안해 몇몇 문예 비평가들은 16세기 후반 바로크 태동기의 예술을 전기 바로크로, 17세기부터 18세기 전반까지 이어지는 바로크 전성기의 예술을 다시 중기와 후기 바로크로 나누어 명명하기도 한다.

바로크와 조형예술

바로크 개념이 문예 분야에서 역사적이며 비평적인 의미로 통용되면서 전문적인 용어로 자리 잡게 된 데에 결정적인 역할을 한 것은 무엇보다 베르니니와 보로미니, 피에트로 다 코르토나(Pietro da Cortona) 등의 바로크 건축가들이 창조한 로마의 건축물이었다. 바로크 연구가 루세는 로마 건축물이야말로 바로크 사상의 근원을 이루는 것이며, 장르를 불문하고 이상적인 바로크 작품을 판단하는 기준을 찾기 위해서는 바로크 시대의 로마 건축물에 의존해야한다고 단언하면서 조각 혹은 회화에 대해 바로크를 이야기하는 것은 이미 일종의 전환이 시작되었음을 의미한다고 얘기한 바 있다.[23]

주지하다시피 16세기 후반 전 유럽을 휩쓴 종교전쟁의 참화 속에서 반종교개혁운동의 분위기를 타고 시작된 바로크 건축은 17세기에 들어서면서 전 유럽으로 퍼져나가며 그 절정에 도달한다. 하지만 바로크 양식이 프랑스와 영국을 제외한 유럽 국가들의 지배적인 예술 양식이 된 17세기에도 바로크 건축의 중심은 여전히 로마에 있었다. 1623년 우르반 8세라는 이름으로 교황의 지위에 오르게 된 바르베리니 추기경은 가톨릭교회 건축에 위엄과 화려함을 더하려는 바람에서 나폴리 출신의 조각가요, 건축가였던 베르니니에게 성 베드로 성당의 발다키노 제작을 맡기게 된다. 발다키노란 교황의 제대를 가려주는 닫집, 즉 천개(天蓋)를 가리키는 말로, 베르니니가 제작한 성 베드로 성당의 발다키노는 그 높이가 29미터에 이르는 황금 옷을 입힌 청동 기둥으로 인간의 영혼이 하늘로 올라가는 것을 상징하듯 배배 꼬인 소용돌이 모양을 하고 있다.

발다키노 제작과 더불어 베르니니는 우르반 8세에 의해 1629년에 성 베드로 성당 건축가로 임명된다. 이에 성당의 건

축과 장식 모두를 책임지
게 된 베르니니는 성당의
벽면을 대리석, 치장 벽토,
청동, 금과 같은 다양한
색채의 재료로 장식하였으
며, 여러 조각가들과 함께
제작한 거대한 조각상들을
설치하였고, 웅장한 건물
의 규모에 적합한 화려한
가구들을 제작하여 배치하
는 한편, 카를로 마데르노

성 베드로 성당의 발다키노.

(Carlo Maderno)가 1605년 건축한 성당의 파사드에 더욱더 화
려하고 사치스러운 장식을 가했다. 여기에다 발다키노 위에
자리 잡은 웅장한 쿠폴라를 합치면, 성 베드로 성당은 건축가
에 따라 약간의 차이는 있지만 전체적으로 감각적, 역동적, 장
식적 효과를 추구하면서 전체에 종속되는 부분들의 조화를 통
한 균형을 강조했던 17세기 로마 바로크 건축의 모델이 되기
에 손색이 없는 것이었다. 로마의 예를 따르는 바로크 건축은
곧 이탈리아 전역으로 퍼져 나갔고, 이어 스페인령 플랑드르
와 스페인, 포르투갈, 다뉴브강 연안 국가를 비롯하여 프랑스
와 영국으로까지 전파되기에 이른다. 물론 이러한 전파 과정
에서 국가나 지역별로 그 형태나 영향력에 있어 차이가 있긴
하지만, 이 시대의 건축물들이 르네상스 건축에서 엄격하게

요구되었던 고전적 법칙을 무시하고, 관찰자에게 강렬한 인상과 감동을 주기 위해 극적 효과를 추구하며, 회화·조각·공예 등을 장식적으로 건축에 적용하고, 일련의 곡선과 곡면에 의한 장식을 통해 감각적이고 역동적인 형태와 공간을 창조하려 했다는 점에서는 모두 공통점을 보인다고 할 수 있다.

한편 바로크 시대 로마 건축물에서 그 원형을 찾을 수 있는 바로크 건축양식의 특성은 곧바로 당대의 조각과 회화에도 적용되기 시작했다. 제르맹 바쟁에 따르면 바로크 시대, 특히 이탈리아에서는 조형미술이 인간 영혼의 열정을 담아내는 도구라고 여기는 미학이 유행하였다고 한다. 실제로 17세기 유럽에서는 심리학이 상당히 발전하였고, 정념이라는 문제는 데카르트(René Descartes)를 비롯한 철학자뿐 아니라, 르 브렁(Charles Le Brun)과 같은 화가들에게도 주된 관심거리였다. 조형미술이 인간 영혼의 열정을 담아내는 도구라면, 예술가들은 인간의 모든 감정들을 가장 강렬한 형태로 표현하기 위해 노력할 임무가 있었다. 특히 반종교개혁운동의 선봉에서 교회가 예술에 부여한 포교와 변론의 의무를 다해야 하는 예술가들은 자신의 믿음을 말로, 순교로, 그리고 무아경으로 표현하는 신앙의 고백자인 성인들의 성인다움을 최대한 효과적으로 표현해낼 필요를 느꼈다.[24] 로마의 산타 마리아 델라 비토리아 성당(Santa Maria della Vittoria)에 있는 베르니니의 조각 「성 테레사의 무아경」은 때론 불경스런 관능미의 표현으로 해석될 만큼 성령의 강림으로 황홀경에 빠진 성녀 테레사의 감정을 사

실적으로 표현하고 있
는 수작이다.

회화의 경우, 바로크
미학이 가장 잘 드러
나는 작품들은 아무래
도 그리스·로마 신화나
성서에서 주제를 따온
것들이었다. 은유와 상
징으로 가득 찬 이들
작품들은 대개 그리스
도의 수난사를 눈부신
광선 처리를 통해 표

베르니니, 「성 테레사의 무아경」

현하였으며, 대각선적인 구도와 원근법, 트롱프 뢰이유 기법
등을 많이 사용하였다. 바로크 회화의 선구자라고 할 수 있는
카라바죠(Caravaggio)는 측면 광선을 통해 명암의 강한 대비를
나타내면서, 인체의 근육과 양감을 얕은 공간으로부터 드러나
게 하였고, 루세가 루벤스(Peter Paul Rubens), 엘 그레코(El
Greco)와 함께 '바로크의 위대한 트리오 화가들' 중 하나라고
극찬해 마지 않았던 틴토레토는 본격적인 바로크 회화의 시대
가 도래하기도 전에 이미 곡선과 나선형을 이용한 움직임의 원
리에 충실한 그림들을 그려 냈다.

그런데 이러한 선구자들의 뒤를 이어 바로크 회화를 꽃피
운 사람은 뜻밖에도 로마의 화가가 아닌 플랑드르 출신의 화

가 루벤스였다. 17세기 플랑드르 예술의 중심지였던 안트베르펜에서 성장한 루벤스는 1600년 이탈리아로 떠나 약 8년간 만토바와 로마에서 고대 미술과 르네상스의 거장들을 충실히 학습하는 한편 당시 이탈리아 화단에서 이름을 떨치던 카라치(Carracci) 형제들과 카라바조의 영향을 받으면서, 플랑드르 화풍의 한계를 벗고 한층 더 성숙한 회화 세계를 창조해 냈다. 루벤스 이전의 플랑드르 회화는 세밀하게 그려진 그림들을 통해 독창성을 획득하기 했지만 규모가 큰 그림의 경우, 불안정하고 텅 빈 구성 속에서 그림 속의 형상들이 부유하는 듯한 느낌을 준다는 단점이 있었다. 루벤스는 이탈리아에서의 수련기를 통해 실물이나 그 이상의 크기로 공간에 맞는 비례를 지닌 당당한 인물들로 장엄한 화면을 구성해 내는 감각을 익힐 수 있었다. 주제를 공간에 융합시키려는 이러한 시도는 제르맹 바쟁의 말처럼 바로크 미술의 가장 본질적인 요소에 해당하는 것이었다. 게다가 루벤스는 플랑드르 화가들에게서 당대의 이탈리아 화가들이 지니지 못했던 빛에 대한 감각을 이어받았다는 장점을 지녔다. 반 에이크(Van Eyck)와 같은 플랑드르 화가에게서 마술과도 같은 투명한 붓터치를 물려받은 루벤스의 작품에서 "빛은 단순한 '조명'의 역할을 하는 것이 아니라 색채로 물들여진 매우 유동적인 하나의 물질이며, 그림자는 빛이 없는 상태가 아니라 카라바조 화파처럼 빛의 또 다른 영역[25]"으로 존재하게 된다. 이 세상에 존재하는 모든 생명의 형태를 따뜻한 시선으로 풍요로우면서도 생동감 있는 필치로

루벤스, 「마리 드 메디시스의 생애」 중 일부.

표현한 루벤스의 불후의 대작으로 파리 뤽상부르 궁전의 큰 객실을 위해 그린 대벽화 「마리 드 메디시스의 생애」를 꼽을 수 있다. 프랑스 앙리 4세의 미망인이자 루이 13세의 모후로 당시 궁정에서 큰 영향력을 발휘하던 마리 드 메디시스의 주문에 따라 제작된 이 그림은 21면의 대벽화로 파리 궁전에서의 마리의 생애를 그 소재로 하고 있다. 화가 루벤스의 예술세계를 드러내는 모든 특징들이 넘쳐나는 이 작품은 색깔과 빛, 풍요로움이 함께 어우러진 바로크 회화의 정수를 보여 주는 걸작이다.

바로크와 음악

음악사에서 말하는 바로크 시대는 1600년경에 시작되어 1750년 바흐(Johann Sebastian Bach)의 죽음에 이르는 150년간을 지칭한다. 바로크 시대에 꽃을 피운 바로크 음악은 대체로 당대의 그림과 건축에서 엿볼 수 있듯이 풍부하고 고도로 장식적인 처리 방법을 그 특징으로 한다. 또한 음악을 고유한 법칙에 종속된 독립적인 예술로 간주하며, 주관적 감정 표현을 극도로 자제했던 르네상스 시대 거장들과는 달리 바로크 음악가들은 인간 영혼의 고뇌와 정념 등을 음악 속에서 주관적인 표현을 통해 극적으로 그려냈다는 차이가 있다.

여러 가지로 혁신적인 양식을 도입함으로써 이전 르네상스 시대와 구분되는 바로크 음악은 다른 모든 바로크 예술 장르와 마찬가지로 16세기 후반에서 17세기 초엽의 이탈리아, 특히 피렌체에서 태어났다. 16세기 피렌체는 르네상스 미술 활동의 중심지였을 뿐 아니라, 음악에 있어서도 새로운 시대의 문을 여는 역할을 담당했다. 그 중에서도 음악 애호가였던 바르디 백작(Giovanni Bardi)을 중심으로 모인 피렌체의 귀족 문예 집단 카메라타(camerata)[26]는 바로크 음악의 형성과 발전에 결정적인 영향을 끼쳤다. 르네상스 정신에 따라 그리스 비극의 음악적 이상과 실제를 재창조하고 모방하려 했던 피렌체의 카메라타 회원들은 음악의 기능이 가사의 극적인 의미를 강화시키는 데 있다고 믿었고, 그 결과 음악보다 가사를 우위에 놓는 방식을 선택했다. 그리하여 당시 보편적으로 퍼져 있던 성악적 폴리포니, 즉 다성음악 형태를 버리고, 고대 그리스에서 한 개의 악기에 의해 반주되는 단선율 노래를 의미하는 모노디(monody) 양식을 과감하게 도입하기에 이르렀다. 가사를 자유롭게 낭송하기 위해 고안된 바로크 모노디는 독창으로 불려지며, 그 아래에 바소 콘티누오(basso continuo)라고도 불리는 통주저음[27] 반주가 딸리는 것이 특징이다. 또한 독창부의 경우는 다시 원래 말의 리듬을 반영한 독창인 레치타티보와 그에 비해 선율적 성격이 강한 아리오소, 그리고 장식적인 노래인 아리아로 구분된다.

독창 선율과 계속 저음이 결합된 모노디 양식에서 새롭게 탄생한 음악 양식이 바로 오페라이다. 고대 그리스를 모범으로 인간성의 자유로운 표현과 더불어 시, 연극, 음악 등이 조합된 이른바 무대예술을 만들고자 했던 피렌체 카메라타 회원들의 꿈이 모노디 양식을 통해 실현된 것이 오페라의 형태였다. 최초의 오페라는 1597년 시인인 리눗치니(Ottavio Rinuccini)의 대본에 카메라타 회원이었던 자코포 페리(Jacopo Peri)가 작곡한 모노디 양식의 「다프네」로 알려져 있는데, 그 악보는 대부분 소실되어 전해지지 않고 있다. 그 후 1600년 페리는 역시 리눗치니와 협력해서 고대 그리스의 오르페우스와 에우리디체의 신화를 소재로 하여 「에우리디체」를 작곡하였으며, 이 작품은 현재 남아 있는 가장 오래된 오페라라고 할 수 있다. 그렇지만 근대적 개념의 오페라에 비견할 만한 진보적인 오페라를 만든 사람은 몬테베르디(Claudio Monteverdi)였다. 몬테베르디는 1607년 「오르페오」를 상연하였는데, 기악의 서주로 시작하여 대규모의 합창과 관현악, 무용 등이 한데 어우러지고, 신포니아라고 하는 기악곡이 사이에 포함된 이 작품은 표현 양식에서 이전의 오페라와는 비교가 되지 않는 것이었다.

피렌체 카메라타에서 생겨난 오페라는 1620~30년대에 들어서 로마로 그 중심지를 옮겨가게 된다. 그런데 당시 로마의 가장 강력한 음악 후원자는 바로 교황 우르반 8세를 배출한 바르베리니 가문이었다. 마페오 바르베리니(Maffeo Barberini)가 1623년 교황 우르반 8세로 선출된 이래 21년간 성대를 누리게 된 바르베리니 일가는 거의 대부분 강력한 음악 후원자들이었다. 특히 교황 우르반 8세의 조카였던 추기경 안토니오와 프란체스코는 로마에 콰트로 폰타네 극장(Teatro delle Quattro Fontane)을 건축했는데, 이 건물은 그 수용 규모만 해도 3000명을 넘는데다 당대의 가장 유명한 건축가였던 베르니니가 설계한 마술적인 장면 효과와 화려한 장치를 활용할 수 있는 무대가 있는 극장으로 1632년 오페라 「산 알레시오」 공연과 함께 개관하였다. 로마의 오페라는 피렌체의 초기 오페라를 성숙한 구경거리로 전환시켰다. 바로크 음악 연구가 팔리스카에 따르면 로마의 오페라는 "파스토랄 분위기가 아직도 주류를 이루지만, 부차적 줄거리들 안팎에서 짜여지고 구름을 만드는 기계에서 시사되는 수많은 신들, 인테르메초 같은 술잔치에서 반인반어의 바다의 신 트리톤, 숲의 신 사티로스, 그리고 물의 요정이 춤추는 합창단의 등장, 그리고 호화로운 의상과 세팅들이 장관의 구경거리에 본질적인 내용과 경이로움을 추가해주었다."[28]고 할 수 있다. 한마디로 로마의 오페라는 피렌체 오페라에 비해 여러 가지 볼거리가 가미된 화려한 스펙터클이었으며, 피렌체 작곡가에 의해서 구상되었던 감정적인 말투가 강화되는 대신 레치타티보의 역할이 약화되고, 합창이나 앙상블로 한 막을 끝맺는 것이 관행이 될 만큼 보다 극적인 무대를 추구하였다.

그러나 강력한 음악 애호가요, 후원자였던 바르베리니 가문이 우르반 8세의 사망 후, 그의 계승자 이노센트 10세의 반목과 교황권을 둘러싼 파르마 공작과의 전쟁으로 인해 프랑스 파리로 거처를 옮기게 되면서, 이탈리아 오페라는 이제 베네치아를 중심으로 발전하게 된다. 베네치아는 과두제 국가로 이탈리아의 다른 도시 국가들과는 달리 궁중의 유흥을 후원하였던 지배층의 문벌가들 대신 무역을 통해 부를 축적한 공화국의 귀족들이 주된 후원자들이었다. 그런 이유로 비록 오페라의 관객들은 여전히 귀족들이었으나, 레퍼토리는 영주의 취향을 반영할 필요가 없었다. 또한 오페라는 더 이상 궁중의 결혼식이나 주요한 손님 혹은 귀빈들을 모시기 위한 연회용으로 열리는 유흥이 아니었다. 오페라 순회단이나 전속단의 매니저는 활동 기간 동안에 연주를 원활히 하기 위해 연주자들과 계약을 했으며, 무엇보다도 대중을 만족시켜야 하는 책임을 지고 있었다. 베네치아에서는 1637년에 산 카시아노(San Cassiano)란 이름으로 최초의 대중 오페라 극장이 문을 연 이후 1700년에 이르기까지 모두 16개의 극장이 운영되었으며, 도합 388개의 오페라가 제작되었다. 근대적인 오페라의 아버지라 볼 수 있는 몬테베르디 역시 베네치아 극장에 「아도니스」「에네아와 라비니아의 결혼」「율리시즈의 귀환」「포페아의 대관」등 네 개의 오페라를 기증하였는데, 그중에서 「율리시즈의 귀환」과 「포페아의 대관」만이 오늘날까지 전해지고 있다. 베네치아 오페라의 특징은 대중 취향의 영향을 받아 대중적인 노래와 무대 기술을 적극적으로 활용한 볼거리, 팡파르와 같은 짧은 서곡 등을 사용한 데서 찾을 수 있으며, 감동적인 선율을 원하는 청중의 기호에 부합하기 위해 아리아와 레치타티보가 명확히 구별되었다는 특징이 있다. 뿐만 아니라 많은 오페라 극장이 설립되면서 작곡가, 대본가, 디자이너, 그리고 무대 매니저들이 한 작품을 여러 번 반복해서 공연할 수 있게 되었고, 작품에 대해 늘 새로운 접근 방법을 시도할 수 있는 기회를 보장받았다는 점에서 오페라 제작과 공연 여건이 한층 성숙되었다고 할 수 있다.

바로크 시대에 이탈리아에서 마지막으로 오페라 문화가 꽃핀 곳은 나폴리였는데, 나폴리 오페라를 대표하는 작곡가는 알레산드로 스카를라티(Alessandro Scarlatti)였다. 젊은 시절 로마에 있는 사사로운 궁정을 위해 작은 규모의 오페라를 썼던 스카를라티는 1684년에서 1702년까지 나폴리 총독의 왕립예배당 음악 감독으로 재직하면서 산 바르톨로메오의 귀족 궁전이나 귀족 극장을 위해 일 년에 대략 두 개의 오페라를 작곡하였다. 스카를라티가 바로크 오페라의 발전에 끼친 영향 중 대표적인 것으로 다 카포 아리아(da capo aria)[29])의 도입을 들 수 있는데, 다 카포 아리아는 1694년 「피로와 데메트리오」가

발표된 이후 그의 오페라에서 일반적인 것이 되었고, 후일 모든 바로크 작가들의 모델이 되었다. 뿐만 아니라 스카를라티를 비롯한 나폴리 악파에서 흔히 사용되었던 신포니아라 불리는 서곡은 대부분 '빠르게-느리게-빠르게'의 3악장으로 구성되었으며, 18세기에 들어서면서 심포니로 발전하게 된다.

이탈리아의 피렌체에서 탄생한 오페라는 대부분 궁정을 중심으로 유럽 여러 국가들에 소개되었다. 프랑스의 경우 이탈리아에서 피난해 온 바르베리니 일가의 영향 하에 1647년 제작된 루이지 로시(Luigi Rossi)의 오페라 「오르페오」의 상연은 아름다운 목소리와 음악에다 '위대한 무대의 마술사'로 불리던 이탈리아 무대 건축가 토렐리(Torelli)가 제작한 화려하고 경이로운 무대 장식과 기계 장치로 파리 사람들의 눈을 매혹시키기에 충분했다. 하지만 이탈리아 오페라의 매력에도 불구하고, 이들 오페라에서 나타나는 과다한 열정과 환상적인 형상의 재현, 그리고 지나친 과시의 미학은 이성과 중용, 예의바름을 권고하던 17세기 후반 고전주의 문학 이론가들의 영향 하에 있던 프랑스 대중에게는 분명 눈에 거슬리는 요소가 아닐 수 없었다. 이런 상황에서 프랑스의 고전주의 취향에 이탈리아 오페라의 양상들을 적절하게 조화시킨 이는 바로 피렌체 출신의 장 바티스트 륄리(Jean-Baptiste Lully)였다. 열네 살의 어린 나이에 음악가 보조 역할을 맡아 파리로 이주한 륄리는 스무 살 때 루이 14세의 궁정에 들어가 무용수, 기악 작곡가, 궁정 발레 작곡가로 활동하다가 국왕의 총애를 받아 1661년

왕실 악단의 총감독, 지휘자로 임명되면서 프랑스인으로 귀화하였다. 프랑스와 이탈리아의 음악, 무용, 그리고 문학적 전통을 두루 섭렵한 륄리는 프랑스의 정서에 맞게 신화를 주된 소재로, 레치타티보와 아리아의 구분이 없는 성악 형식을 사용하였고, 프롤로그와 5막으로 구성된 오페라에 춤의 비중을 높인 오페라를 지속적으로 발표하게 되는데, 이러한 륄리식 오페라는 명실상부한 프랑스식 오페라로 인정받으며, 1730년대에 이르러 라모가 프랑스 오페라의 혁신을 이룰 때까지 그 명성을 유지하게 된다.

한편 독일은 30년 전쟁에서 비롯된 사회적·정치적 격동으로 오페라 활동이 그다지 활발하지 못했고, 그나마 함부르크, 뮌헨, 드레스덴, 빈 등을 중심으로 성행한 오페라마저도 거의 전적으로 이탈리아 양식에 지배되었다. 영국의 경우도 프랑스와 마찬가지로 강한 연극적 전통이 지배하고 있었는데, 특히 일종의 영국적 음악극인 가면극의 경우 극적인 성악을 희생시키면서, 춤과 호화로운 구경거리에 역점을 둔 것이었다. 17세기에 활동했던 주요 가면극 작곡가로는 존 블로(John Blow)와 헨리 퍼셀(Henry Purcell)을 들 수 있다. 그중 퍼셀은 영국 무대의 특성상 가면극의 극적인 시의 위력을 희석시키지 않으면서도 가면극의 시각적이고 음악적인 면을 보전하여 영국적인 오페라를 만들어 냈다. 물론 이 가면극들은 이탈리아와 프랑스 오페라에 비교해 볼 때 음악적인 부분이 여전히 취약하였다. 타고난 오페라 작가이면서도 자신이 활동했던 영국의 시대적 상황으로 그리도 원하던 오페라 하우스가 영국에 세워지는 것을 보지 못한 채 너무도 이른 나이에 세상을 떠난 헨리 퍼셀의 꿈이 이루어진 것은 18세기에 들어서서이다. 즉 헨리 퍼셀이 동경했던 이탈리아 스타일 오페라는 바흐와 함께 바로크 음악 시대의 최고 거장으로 불리는 게오르그 프리드리히 헨델(Georg Fredrich Haendel)과 함께 꽃을 피우며, 18세기 초반 영국 무대를 장악하게 되는 것이다. 1685년 독일 할레에서 출생한 헨델은 같은 해에 역시 독일에서 태어난 바흐와 마찬가지로 루터 전통의 교회에서 자라났으며 오르간 연주자로 활동하다가, 1706년 오페라의 본고장인 이탈리아로 떠나 스카를라티 등과 교우한 뒤, 1710년 독일 하노버 궁정 악장으로 임명되어 다시 독일로 돌아왔다. 그러다 그해 휴가를 떠난 런던에서 발표한 첫 오페라인 「리날도」가 대성공을 거두면서 영국을 활동 중심지로 삼고 1741년까지 런던을 위해 약 40개에 이르는 오페라를 작곡하였는데 대표작으로는 「줄리오 체자레」와 「알치나」를 꼽을 수 있다. 이러한 오페라와 함께 헨델은 오라토리오와 세속 칸타타를 많이 작곡하였는데, 그의 오라토리오에는 고금의 명작으로 꼽히는 「메시아」가 있다.

헨델과 함께 바로크 시대의 절정을 이룬 요한 세바스찬 바흐는 극음악 작곡가로 명성을 떨친 헨델과는 달리 평생을 루터파 교회의 고용 음악가로 활동하면서 예수 수난곡과 교회 예배용 칸타타, 예배용 오르간 곡, 연습용 하프시코드곡 등 다수의 종교음악을 작곡했다. 사실 18세기 작곡가들의 작품들은 후원자, 고용주, 대중이 그들에게 요구하는 것에 따라 크게 좌우되었는데, 바흐의 음악활동도 마찬가지로 젊은 시절과 만년에 쓴 작품들을 제외하면 바이마르의 궁정 오르간 연주자(1708~1717), 쾨텐 안할트의 레오폴트 공 저택 음악 감독(1717~1723), 라이프치히 시의 음악 감독과 성 토마스 교회의 합창지휘자인 칸토르(1723~1750)라는 세 직책이 그에게 요구했던 장르나 매체와 크게 연관되어 있다. 바이마르에서 바흐는 주로 오르간 연주자로서 활동하면서 상당량의 오르간과 건반을 위한 작품을 썼으며, 빌헬름 에른스트 공작의 실내음악 감독 또는 악장으로 근무하게 되면서 공작의 예배당을 위해 매달 새로운 칸타타를 작곡하고 지휘하는 임무도 맡게 되었다. 쾨텐에서는 바흐의 고용주였던 레오폴트 영주가 바흐에게 실내음악과 오케스트라 음악을 주로 요구했기 때문에, 그의 저택에 머무는 동안 바흐는 「브란덴부르크 협주곡」을 비롯하여 수많은 실내곡을 작곡하였다. 이어 라이프치히에서의 바흐는 무엇보다 매 일요일과 축제일을 위해 필요한 칸타타와 더불어 「마태 수난곡」과 같은 다른 장르의 종교음악을 쓰는데 주력했다. 루터파 교회의 경우 가톨릭교회에 비해 예배 의식은 단순하지만, 회중이 성가를 부르는 방법으로 참여하는 것이 오르간 연주자의 업무를 복잡하게 했을 것이며, 일요일 아침 예배에서 긴 연주용 곡을 연주하는 것이 관례였기 때문에 교회 음악가는 매주 연주할 곡을 정해 작곡하거나 편곡하는 일에서부터 자유로울 수 없었다. 이런 의미에서 볼 때, 평생에 걸쳐 루터파 교회 음악가로 일했던 바흐의 삶은 어쩌면 꽤 고단하고 그리 녹록지만은 않았던 여정이었을 것이다. 이런 빡빡한 작곡 일정 속에서도 우리의 가슴과 영혼에 와 닿는 천상의 메아리를 작곡해 낸 바흐의 위대한 음악성과 심오한 예술혼 앞에서 새삼 경의를 표하고 싶은 것은 나만의 생각일까.

위대한 음악가 바흐가 사망한 것은 1750년의 일이다. 일반적으로 음악사에서는 바흐의 죽음과 함께 바로크 음악 시대가 끝난 것으로 보고 있다. 그렇다면 바흐의 음악은 바로크 시대 음악의 절정을 이룬 것일까? 팔리스카는 이에 대해 그렇다고 대답하는 것은 오해의 소지가 있다고 얘기한다.[30] 즉 바흐가 그의 주요 작품들을 쓰기 시작했을 때는 이미 바로크 시대의 특징적인 스타일이 쇠퇴일로를 걷고 있었고, 그런 이유로 바흐 활동기의 음악을 주도적으로 이끌어 가지 못했다는 것이다. 즉 17세기 내내 발전해 온 바로크 스타일은 1715년 이후 셀 수 없을 정도로 많은 방향으로 가지를 치게 되었고, 조금씩 변형되면서 마침내는 다른 음악 스타일로 바뀌어 갔다. 이런 상황으로 미루어 볼 때 바흐의 음악은 헨델의 오라토리오나 마찬가지로 바로크 음악의 선구자들로부터 물려받은 자원으로 개인적인 승리를 일궈낸 것으로, 팔리스카는 이를 일종의 "추신(postcript)과도 같은 존재"라고 명명했다.

그렇다. 팔리스카가 자신의 저서 『바로크 음악』에서 내린 결론처럼 18세기 중반의 음악이 형성되는 과정은 바흐나 헨델의 성숙한 작품들이 없었다 해도 그다지 다르지 않았으리라.

하지만 그들의 음악이 존재하지 않았다면 18세기 후반, 19세기, 그리고 20세기의 음악이 지금과 같을 수 있었을까? 이런 점에서 이들은 분명 바로크 음악가이기 이전에 음악사의 위대한 아버지, 어머니인 것이다.

테마로 본 바로크

모든 것은 변한다

그리스의 철학자 헤라클레이토스는 "너는 똑같은 바다에 두 번 걸어 들어갈 수 없다. 왜냐하면 맑은 바다는 너를 지나 흘러 들어가고 있기 때문이다."라고 말한 바 있다. 이처럼 유동과 변화에 근거한 헤라클레이토스의 철학적 명제는 바로크적 사유의 근본 토대가 되는 주제를 대변한다. "이 세상을 구성하고 있는 물질이 모든 형태로 바뀔 수 있는 무정형의 밀랍과 같다."고 표현한 프랑스 바로크 시인 뒤 바르타스(G. S. Du Bartas)의 얘기[31]처럼 계절의 변화에 따라 모습을 바꾸는 자연과 마찬가지로 인간 자체의 속성뿐 아니라, 인간 사회에서 일어나는 모든 일도 변할 수밖에 없다는 것이 당대 바로크인들의 공통된 생각이었다. 흐르는 시간에 예속되어 있는 자연과 마찬가지로 인간 역시도 시간의 역학에서 벗어날 수 없기에 같은 모습을 유지한다는 것은 자연이든 인간이든 애초부터 불가능한 일이라는 것이다. 한번 흘러가면 그만인 시간처럼 인생 역시도 그렇게 흘러간다. 오늘날처럼 의학과 과학이 발달한 시대에도 한번 흘러간 시간을 되찾거나 벌써 살아버린 인생을 되돌릴 수 있는 방법은 없다. 어디 그뿐인가. 아무리 많은 돈을 들여 호르몬 주사를 맞고, 성형수술을 해서 주름을 펴본다 한들 시시각각으로 변해가는 자신의 모습을 고정시키는 것은 불가능함을 우리 모두는 잘 알고 있다. 인간은 이렇게 흘러가는 시간과 함께 변해 가는 덧없는 존재이다. 사정이 이러하니 시간에 얽매여 끊임없이 변화하는 인간의 정신에서 나온 생각들 역시 하나로 고정되지 못하고 수시로 바뀌는, 믿을 수 없는 것이 되어 버리고 만다.

인간사의 모든 것이 흐르는 물처럼 늘 모습을 바꾸고, 변화한다는 원칙에 있어 사랑 또한 예외가 될 수는 없다. 내 자신이 누구인지도 알 수 없고, 내 자신에게조차 충실할 수 없는데 어찌 사랑이라는 이름으로 다른 사람에게 영원토록 충실할 수 있단 말인가. 변하지 않는 유일한 것은 변화 그 자체의 불변성일 뿐 이 세상에서 흐르지 않고 머무는 것은 하나도 없다는 바로크적 세계관 속에서 영원을 약속하는 사랑이란 자기기만이요, 사랑의 황홀경은 사랑이 영원할 수 없다는 쓰라린 현실을 잠시 잊게 하는 망각의 순간일 뿐이다. 사랑 역시도 물처럼 계속 흘러가고, 한 곳에 머물지 않는 법. 바로크의 연인들은 한 대상에 머무르지 못하고 늘 새로운 대상을 찾아간다. 그들은 변덕과 변심의 사이를 위태롭게 오가며 이중, 삼중으로 사랑에 빠진다. 그 결과 남녀 관계는 쫓고 쫓기는 갈등 관계가 되며, 이것이 바로 바로크의 사랑인 것이다. 바로크 연인들에게 로미오와 줄리엣류의 영원한 사랑 맹세는 어쩌면 인간 본성을 거스르는 공허한 메아리로 들릴지도 모를 일이다.

클로리스, 미칠 듯한 쾌락에
사로잡힌 지금 한 순간 때문에
내 마음이 그댈
영원히 사랑하리라 믿소?
열정의 시간들이 지나가 버리고
이성이 다시 돌아오면
사랑의 착각에서 깨어난 나는
슬픔 속에서
그토록 사랑했던 그대의 매력을
혐오스럽게 느끼기 시작할 텐데.[32]

물론 바로크 시대의 작품에서도 테오필 드 비오(Théophile de Viau)의 「퓌라모스와 티스베」에서처럼 죽음을 초월하는 지고지순한 사랑이 나타나지 않는 것은 아니다. 뿐만 아니라 흔들리는 갈대처럼 수시로 변하는 남녀의 마음을 한탄하고 영원한 사랑을 갈구하는 시인들도 많이 있었던 것이 사실이다. 그럼에도 불구하고 안정성을 잃고 변형의 법칙을 따라 가는 바로크 시대의 사랑을 대표하는 인물은 역시나 변덕스런 연인이자 모든 이의 연인을 자처하는 돈 주앙 혹은 17세기 초 프랑스에서 엄청난 반향을 일으킨 오노레 뒤르페(Honoré d'Urfé)의 전원소설 『아스트레』에 등장하는 '변덕의 왕자' 일라스(Hylas)가 제격일 것이다. 바로크 연인들에게는 시간에 굴복하지 않는 사랑은 이 세상 어디에도 없다.

그런데 우리를 둘러싼 외부 세계뿐 아니라, 우리의 이성, 정신, 마음까지도 쉽게 변할 수 있는 것이라는 바로크적 세계관을 표현하기에 적합한 물질은 바로 물이나 연기, 거품, 바람과 같은 불안정하고 덧없는 형체들일 것이다. 실제로 바로크 시대의 문학에는 쏜살같이 지나가고, 날아가고, 사라지는 모든 것들에 대한 은유와 이미지가 넘쳐 난다. 증기, 꽃, 급류, 그림자, 구름, 연기, 미풍, 바람, 모래, 소용돌이, 먼지, 짚, 나뭇가지, 나뭇잎 등처럼 삶의 덧없음을 상징하는 이미지들은 바로크 시를 아름답게 수놓는다. 때로는 별처럼 반짝이고, 보석처럼 영롱하게 빛나며, 순간적으로 수천 가지 색으로 변하는 이 물질들의 아름다움은 찰나에 머물며, 지속되지 않기 때문에 더욱 아름답다. 바로크 시인들은 이런 이미지들을 동원해 잡을 수 없는 것, 지속할 수 없는 것에 대한 동경과 안타까움을 함께 표현해 내고 있다.

그중에서도 영원한 흐름을 상징하는 물은 바로크의 상상 세계 속에서 그 어떤 물질보다 더 중요한 역할을 한다. 바로크 시대의 작품 중에서 바다나 강, 폭포, 연못, 계곡, 급류, 분수, 호수의 물에 대해 한번이라도 언급하지 않은 작품이 있을까? 물은 움직이고 장소에 따라 모양이 변하는 성질을 가지고 있으므로 모든 것이 변한다는 바로크적 세계관을 표현하기에는 안성맞춤이 아닐 수 없다. 게다가 물은 그 특성상 붙잡을 수 없기에 유동성과 불안정성 혹은 활력과 유연성을 상징하는 좋은 이미지가 된다. 또한 물은 대상을 비추는 가장 매력적인 거울이라는 점에서 바로크적 상상력을 풍요롭게 하는 원동력이다. 물은 자신이 비추는 대상을 둘로 분화시킨다. 물 위에 비친 자신의 모습을 사랑하게 된 나르시스의 경우처럼 나에게 내가 인식할 수 있는 또 다른 나를 제공하는 것이다. 뿐만 아니라 물은 거울과 마찬가지로 현실과 외관을 뒤섞어 버림으로써 또 다른 세계를 창조한다. 이런 의미에서 물은 바로크의 상상력을 펼치기에 가장 적합한 요소가 되는 것이다.

키르케(Kirke)와 프로테우스(Proteus)

그리스 신화에 나오는 키르케는 변신의 여신이다. 호메로스에 의하면 키르케는 전설상의 섬 아이아이에서 살았는데, 그녀의 소굴에는 마법에 걸려 야수로 변한 사람들로 가득하였고 한다. 바로크 문학 연구가 루세는 이런 점에 착안하여 바로크의 세계를 변신의 여신 키르케가 지배하는 세계로 정의했다. 마법사 키르케는 등장인물뿐 아니라, 대지와 풍경에까지도 마법을 부린다. 키르케로 대변되는 변덕스러운 창조주가 나타나면, 세상의 모든 것은 변하며 움직이기 시작한다. 키르케가 지배하는 세계는 돌이 걸어 다니고, 산이 열리고, 땅에서 짐승이 솟아나오고, 구름이 하늘에서 내려오고, 사람들이 바위로 변했다가 다시 인간의 형상을 되찾는 변화무쌍한 형상들의 세계이다. 키르케의 손이 닿는 것은 무엇이든 원래의 그것이 아니게 된다. 키르케의 존재 앞에서 우주는 통일성을, 대지는 고정성을, 존재는 정체성을 상실하게 되는 것이다. 그 이름이 키르케든 혹은 그녀와 닮은꼴인 알치나, 메데이아, 칼립소든 간에 그것은 중요하지 않다. 중요한 것은 이렇게 자신을 둘러싼 세상 만물을 변화시키는 마녀 혹은 마법사의 이야기가 프랑스 궁정 발레로부터 바로크 오페라에 이르기까지 단골로 등장하는 주제였다는 점이다. 지금까지 남아 있는 발레 작품 가운데 가장 완벽한 형태로 보존된 텍스트를 자랑하는 『라 로완느의 희극 발레』(1581)에는 키르케의 변신의 효과를 관객에게 직접적으로 전달하기 위한 온갖 기계 장치들과 무대 장식에 관한 세부 묘사가 넘쳐 난다.

1. 무대 한가운데 오른쪽에는 목신이 사는 작은 숲이 있다. 그곳에는 나무들에 의해 가려진 동굴이 하나 있는데, 거기에서 부드러운 파이프 오르간의 선율이 흘러나온다.

2. 그 맞은편 왼쪽에는 황금빛 둥근 천장 사이로 사람들의 목소리와 악기들의 소리가 거대한 뭉게구름에 실려 퍼져 나온다.

3. 무대 중앙의 천장에서는 별들이 총총 박힌 구름 떼가 신들이 하늘에 모습을 드러내거나 혹은 땅에 내려오는 장면을 생생하게 부각시킨다.

4. 무대 양쪽은 키르케의 마법 정원으로 앞쪽에는 분수가 있고, 그 뒤편에는 성이 있다. 강렬한 황금빛 태양이 빛을 발산한다. 사건이 진행됨에 따라 숲의 요정들이 살고 있는 움직이는 작은 숲은 앞으로 나가기도 하고 또 무대 주변을 빙빙 돌기도 한다.[33]

변신의 미학을 추구하는 바로크 문학에서 키르케와 더불어 등장하는 또 하나의 신화적 인물이 있으니, 그가 바로 프로테우스이다. 프로테우스는 바다의 신 포세이돈의 부하로 예언 능력과 함께 자기 모습을 마음대로 변화시킬 수 있는 능력을 지니고 있었다. 항상 움직이며, 계속해서 자신을 변모시키는 프로테우스는 키르케가 자기 주변 세계를 대상으로 행하는 마법을 자신에게 부린다. 말하자면 프로테우스는 자기 자신의 키르케인 셈이다. 프로테우스는 어떤 의미에서 존재하기 위해서는 자기 자신으로부터 달아나야 하는 운명을 지녔다고 할 수 있다. 그의 임무는 그러니까 항상 자신의 본 모습 혹은 참 모습과 헤어져 다른 여러 모습으로 변신하는 것이다. 바로크 문학에서 우리는 수많은 프로테우스적 인물들을 만나게 된다. 누군가에 의해 다른 사람으로 변했든, 자기 스스로 변장을 했든 아니면 닮은 사람이 있거나 앞뒤의 정황에 의해 다른 사람으로 오인을 받든 간에, 바로크 인물들은 수없이 많은 가면들을 사용하면서 원래의 자신이 아닌 타인의 삶을 살아간다. 그리하여 그 누구도 서로를 알아보지 못하며, 각각의 인물들은 실제의 그가 아닌 타인이 되어 버린다. 이렇게 누구도 보이는 모습 그대로인 사람이 없는 바로크의 주인공들은 극단에서 극단을 오가는 변형과 거짓된 외관의 놀이 속에서 부유하면서 제각각 매번 주어지는 역할을 충실하게 해낼 뿐이다. 그러다가 어느 순간 수많은 가면들 속에서 살아가는 자신을 보고 깜짝 놀란 그들은 진지하게 질문을 던지기 시작한다. 나의 '참모습'은 과연 어디에 있는가? 이 많은 가면들 중 어느 것이 '참나'인가? 이처럼 흔들리는 자기 정체성의 문제는 바로크인들에게 또 다른 사유의 거리가 된다.

세상은 극장이다(theatrum mundi)

몽테뉴로부터 스페인의 작가 그라시안(Baltasar Gracián)에 이르기까지 바로크 시대 사상가들의 뇌리를 떠나지 않은 사유 중 하나는 바로 모든 인간과 사물에게서 나타나는 참 존재(l'être)와 겉으로 드러나는 존재(le paraître) 사이의 괴리라는 문제였다. 이 세상은 어지럽게 변형되는 물체들로 가득 차 있고, 인간의 정신과 마음까지도 오늘과 내일이 다른 상황에서 인간들이 혼란스러움을 느끼는 것은 당연한 결과였다. 사물들이란 과연 무엇이며, 인간은 또한 무엇인가? 혹시 지금 내 눈앞에 펼쳐지는 많은 것들이 참 존재가 아니라 그것의 그림자이거나 가면에 지나지 않는다면? 그렇다면 진실은 어디에서 어떻게 찾을 수 있을까? 아니 어쩌면 진실이란 것은 아예 없는 것이 아닐까? 이렇듯 자기를 둘러싼 세상뿐 아니라 자기 자신까지도 끊임없이 변해가는 세상에서 자신의 참모습을 잃어버린 인간은 어쩔 수 없이 가면을 통해 빌려 온 존재에 매달릴 수밖에 없다. 가면을 쓰고, 가면에 그려진 인물의 역할에 충실하다보면 어느새 그 놀이에 빠져 들어 원래의 자기는 사라지고 자기도 모르게 가면의 인물이 되어 버린다. 그러니까 어느 순간 세상이라는 큰 무대에서 연기를 하고 있는 자신을 발견하게 되는 것이다.

세상은 연극이 상연되는 극장일 뿐이라는 세계관은 바로크 시대 작가들의 작품 속에서 빈번하게 등장하는 주제이다. 일례로 영국의 대문호 셰익스피어(William Shakespeare)는 자신의 비극 「맥베스」의 주인공의 입을 빌어 다음과 같이 얘기한 바 있다.

꺼져라, 꺼져라, 잠시 동안의 촛불이여! 인생은 다만 걸어가는 그림자일 뿐. 제 시간이 오면 무대 위에서 활개 치며 안달하나, 얼마 안 가 영영 잊혀져 버리는 가련한 배우, 백

치들이 지껄이는 무의미한 광란의 얘기다.[34]

잘 알려진 바대로 맥베스는 우연한 기회에 자신이 왕이 될 거라는 세 마녀들의 예언을 들은 뒤, 정신적으로 크게 동요하다가 맥베스 부인의 사주를 받아 자신의 성에 체재 중인 덩컨 왕을 살해하고 왕위에 오른다. 하지만 범죄는 또 다른 범죄를 부르는 법이 아니던가. 왕을 죽이고 왕위를 찬탈한데 대한 불안감과 죄책감으로 괴로워하던 맥베스는 친구인 밴쿠오를 죽이고, 맥더프의 처자마저도 죽이게 된다. 그러나 국내에서 반란이 일어나고, 덩컨 왕의 아들 맬컴을 왕으로 추대한 맥더프가 망명지에서 돌아온다. 피할 수 없는 일전의 순간을 준비하는 맥베스에게 정신착란으로 고통 받던 맥베스 부인이 자살했다는 소식이 전해진다. 이제 바로 코앞까지 진격해 온 맥더프의 군사들과 대치한 상황에서 전해진 아내의 사망 소식에 맥베스는 잠시 후 맞이하게 될 자신의 운명을 예감했던 것일까. 덩컨 왕을 살해함으로써 이미 죄의 길로 들어선 이상 예전으로 돌아가는 것은 불가능하고, 그렇다고 달리 죄의 보상을 받을 수도 없는 상황에서 연속적으로 또 다른 죄를 저지르는 함정에 빠져 버린 맥베스. 하지만 그는 알고 있었다. 얼마 안 있어 다가올 죽음과 함께 헛된 명예를 좇아 충실한 신하에서 주군을 시해한 살인마로, 또다시 살인마에서 폭군으로 살아온 자신의 연극적 삶도 곧 끝이 날 것임을. 죽음으로 세상이라는 무대에서 사라지는 순간 지금껏 자신을 짓눌러 왔던 죄책감과 공포도, 폭군이라는 악명마저도 사라질 것임을. 인간은 태어나면서부터 세상이라는 무대에 등장해 가면을 바꿔 가며 여러 역할을 연기하다가 죽음과 함께 무대 뒤로 사라져 영영 잊혀져 버리는 가련한 배우일 뿐이라는 사실을……. 셰익스피어의 유명한 희극 작품 「당신이 좋으실 대로」에서 우리는 인생이 연극일 뿐이라는 바로크적 진리를 역설하는 또 다른 주인공을 만날 수 있다.

이 세상은 하나의 무대. 남자나 여자나 인간은 모두가 연기자로다. 그들은 등장하고 퇴장한다. 한평생 동안 사람은 여러 가지 역할을 맡고, 연령에 따라 막은 일곱 개. 제1막은 유년기. 유모 품에 안긴 아기는 울며 보챈다. 다음은 개구쟁이 아동. 찬란한 아침 햇살아래 가방을 메고 달팽이처럼 걸어 억지로 학교에 간다. 다음은 연인들. 용광로처럼 한숨지으며 슬픈 노래로 애인을 찬양한다. 다음은 병사다. 이상한 맹세만을 늘어놓으며 표범 같은 수염을 기른다. 야심에 불타고 걸핏하면 성급한 싸움을 걸고 물거품 같은 명예 때문에 대포 아가리 속에 뛰어든다. 그리고 다음은 재판관. 푸짐한 뇌물 때문에 배는 기름지고 매서운 눈초리에 격식을 갖춘 수염. 그럴싸한 격언과 진부한 판례로 제구실을 하고 있다. 제6막으로 바뀌면, 슬리퍼를 신은 여위고 얼빠진 늙은이 콧등에는 코안경. 허리에는 돈주머니. 젊을 때 아껴둔 바지 가랭이가 시든 정강이에 통이 커 보이고, 사내다운 우렁찬

목소리는 애들 목소리로 되돌아가서 삐삐 피리 소리를 낸다. 마지막 장면은 파란만장한 인생살이를 끝맺는 장면으로 제2의 유년기요, 망각의 시간이다. 이는 빠지고 눈은 멀고 입맛도 떨어지고 세상은 허무할 뿐이다.[35]

그런데 가면을 통한 가장은 연극과 그리 동떨어진 것이 아니다. 가면을 쓴 사람은 타인 앞에서 자기가 아닌 타인으로 연극을 하는데서 기쁨을 느낀다. 그래서일까. 바로크 시대의 작품들 속에는 연극과 연극배우들에 관한 이야기가 넘쳐 난다. 가면과 의상을 매개로 환상과 기교가 중시되는 연극은 무엇보다 놀이를 위한 공간이다. 하지만 바로크 시대의 연극은 그저 놀이로만 머물지 않는다. 왜냐하면 연극이야말로 바로크 시대를 살았던 사람들이 한시도 잊을 수 없었던 근원적인 문제, 즉 참 존재와 겉모습 사이의 긴장 관계를 자연스럽게 드러내는 곳이기 때문이다. 연극은 인생과 실재 세계의 은유로서 기능한다. 다시 말해 연극은 인생을 거울로 비추어 나타나는 영상이다. 쥬네트(Gérard Genette)에 따르면, "바로크적 관점에서 세계는 인간이 그런 줄도 모르고 지은이를 알 수 없는 한 편의 희곡을 그 의미도 모른 채 보이지 않는 관객들 앞에서 공연하고 있는 무대"[36]일 뿐이다. 연극은 바로크 인생관의 이상적인 표현방법이다. 바로크 시대에 연극이 다른 어떤 장르보다 성행했던 것은 바로 이런 이유에서이며, 그렇기 때문에 오늘날 우리가 바로크 시대 사람들의 세계관 혹은 그들이 꿈꾼 환상의 세계를 당시의 연극 속에서 더욱 쉽게 파악할 수 있는 것은 어쩌면 당연한 일이라 할 수 있다.

그와 관련해서 바로크 연극에서 나타나는 극작기법 중 가장 두드러지는 것이 바로 격자 구조를 의미하는 '미자나빔(mise en abyme)', 혹은 연극 용어로 '극중극(théâtre dans le théâtre)'이라 부르는 기법이다. 이미 셰익스피어의 「햄릿」이나 「한여름밤의 꿈」에 등장했던 극중극 기법은 프랑스 바로크 연극에 와서 비약적인 발전을 하게 된다. 1628년 바로(Baro)의 「셀렌드」를 통해 프랑스에서 처음 선보인 극중극 기법은 이어 코르네유와 몰리에르를 비롯하여 내로라하는 극작가들의 작품 속에 잇달아 등장하면서 결과적으로 1628년부터 1694년까지 40여 편의 작품 속에서 사용되기에 이른다. 무대에서 펼쳐지는 연극 속에 또 다른 연극의 장면을 끼워 넣는 극중극 기법은 무엇보다 연극적 환상의 힘을 강조한다. 예를 들어 프랑스 바로크 연극의 대표작인 코르네유의 「연극적 환상」에서 프리다망은 알캉드르가 그 내막을 차근차근 설명하기 전까지 연극 속에서 일어난 아들의 죽음을 현실로 믿어 버린다. 연극적 환상은 때로 현실에 실제적인 영향을 미치기도 한다. 프랑스 극작가 로트루(Jean de Rotrou)의 작품 「성 주네」를 예로 들어보자. 이 작품은 배우들의 수호 성인인 성 제네시오의 실화를 바탕으로 쓰여진 종교극이다. 배우 제네시오는 로마의 디오클레시안 황제의 궁중 무대에서 기독교 성사를 조롱하고 풍자한 연극에서 세례를 받으려고 준비하는 예비자로 출연하게 된다. 그런데 제네시오가 막 세례를 받는 장면을 연기하는 순간 때맞춰 그를 그리스도교로 개종시키려는 신의 의지가 개입한다. 그리하여 제네시오는 처음에 연극 속의 한 장면일 뿐이었던 세례 장면에서 실제로 자신의 믿음을 고백하게 된다. 연극이 현실이 되어버린 것이다. 제네시오가 이 사실을 황제에게 선언하니 황제는 그를 재판장 플라우씨안에게 넘긴다. 재판관은 제네시오에게 이방신에게 희생을 바치라는 요구를 하고, 그는 끝까지 믿음을 지키며 거절하다가 끝내 참수형에 처해진다. 연극 속에 등장하는 로마의 군중들보다 먼저 상황을 간파하게 되는 극장 내의 관객들은 주인공의 입장에서 그의 비극에 동참한다. 곧 성인의 반열에 오르게 될 배우의 신앙 고백은 그야말로 장내에 모인 관객들에게 향하는 전도의 메시지이다. 여기서 바로크의 스펙터클은 하나의 놀이가 아니라, 신앙 행위로 이어지는 하나의 의식이 되어버린다.

궁중에서나 교회에서나 위계 질서와 예식과 의례들로 넘쳤던 바로크 시대는 여러모로 보아 연극적 특성을 강하게 지닌 사회였다. 사회의 어디에서나 사람들은 자기가 있을 자리에서 자기가 해야 할 역할이 있었다. 극장에서 볼 수 있는 무대와 객석의 구분은 제단과 신도석이 분리된 교회에서도, 교단과 학생석이 분리된 학교에서도, 재판석과 방청석으로 나뉜 법정에서도 마찬가지로 찾아볼 수 있는 것이었다. 이러한 인식은 당대의 사람들에게 세상이 극장에 그려진 연극의 배경처럼 연극이 일어나는 무대일 뿐이라는 생각을 강하게 심어주게 된다. 즉 이 세상은 하나의 연극이 펼쳐지는 극장이요, 인간은 모두 신이 보는 앞에서 한 편의 연극을 하고 있다는 것이다. 그런데 "세상은 극장이다."라는 바로크의 주제는 어떤 의미에서 인생을 바라보는 기독교적인 관점과 르네상스 시대에 재발견된 플라톤 철학이 혼합된 결과물이라고 할 수 있다. 주지하다시피 기독교인들에게 있어 현세의 삶은 죽은 후 천상에서 누리는 영생에 비춰볼 때 한낱 그림자요 환상에 지나지 않는다. 기독교에서 중요한 것은 천상에서의 삶이다. 마찬가지로 플라톤 철학의 관점에서 본다면 동굴에 갇힌 인간은 이데아의 세계, 그러니까 참 진리의 세계를 보지 못하고 동굴의 벽에 비추어진 그림자만을 보고 있는 것이다. 이런 상황에서 세상은 커다란 극장일 뿐이라고 말하는 것은 곧 현세의 삶의 덧없음과 헛됨을 고발하고, 현세에서 누리는 부나 안락함, 혹은 명예 등에 현혹되지 말라는 종교적인 교훈이 바탕에 깔려 있는 것이다.

인생은 꿈

세상은 커다란 극장이며, 인간은 그 무대에 출연하는 배우들이라는 바로크적 세계관은 필연적으로 바로크적 인생관을 규정하는 또 다른 명제와 긴밀하게 연결된다. 그것이 바로 스페인이 자랑하는 바로크 작가 칼데론의 대표작 제목이기도 한 '인생은 꿈'이라는 명제다. 현실은 꿈으로부터 영향을 받고,

꿈은 현실에 의해 완성된다. 현실이나 꿈은 모두 늘 변화 가능하며, 어느 하나로 고정되지 않는다. 이처럼 바로크적 사유에서는 깨어 있음과 꿈, 현실과 상상, 지혜와 광기라는 이분법적 요소가 서로 구분되지 않고 자유자재로 서로의 영역을 넘나든다. 지금 우리가 현실이라고 믿고 있는 것이 어쩌면 환상에 불과한 것인지 그 누가 알겠는가? 또한 우리가 환상이라고 철썩같이 믿고 있는 것도 실은 현실의 일부일지 그 누가 확신할 수 있겠는가? 게다가 현실의 삶이 꿈이라면, 삶과 죽음의 경계 역시 마찬가지로 불분명해 진다. 셰익스피어의 또 다른 비극적 주인공 햄릿의 입에서 쏟아져 나오는 명대사는 삶과 죽음, 수면과 꿈 사이의 경계를 명확히 인식하지 못하는 바로크적 인간의 고뇌를 극명하게 보여 준다.

사느냐, 죽느냐, 이것이 문제로다. 참혹한 운명의 화살을 맞고 마음속으로 참아야 하느냐. 아니면 성난 파도처럼 밀려오는 고난과 맞서 용감히 싸워 그것을 물리쳐야 하느냐. 어느 쪽이 더 고귀한 일일까. 남은 것이 오로지 잠자는 일뿐이라면 죽는다는 것은 잠드는 것. 잠들면서 시름을 잊을 수 있다면, 잠들면서 수만 가지 인간의 숙명적인 고통을 잊을 수 있다면 그것이야말로 우리가 진심으로 바라는 최상의 것이로다. 죽는 것은 잠드는 것…… 아마도 꿈을 꾸겠지. 아, 그것이 괴롭다. 이 세상 온갖 번민으로부터 벗어나 잠 속에서 어떤 꿈을 꿀 것인가를 생각하면 망설여진다. 이 같은 망

설임이 있기에 비참한 인생을 지루하게 살아가는 것인가.[37)]

죽는 것이 단지 잠드는 것이고, 잠든 시간 동안 현실을 잊고 또 하나의 꿈을 꾸는 것이라는 햄릿의 대사에 나타나는 바로크적 세계관은 나비가 되어 자유로이 날아다니는 꿈을 꾸다 깨어 보니 자신이 나비 꿈을 꾼 것인지 나비가 자신의 꿈을 꾼 것인지 모르겠던 장자의 호접몽을 떠올리게 한다. 이처럼 삶과 죽음, 꿈과 현실, 나와 나 아닌 것을 구분할 수 있는가에 대한 회의로부터 출발한 바로크적 세계관은 독일의 대문호 괴테가 "셰익스피어가 포도송이라면, 칼데론은 포도즙"이라고 극찬해 마지 않았던 칼데론의 작품 「인생은 꿈」의 주제가 된다.

「인생은 꿈」은 불길한 별자리의 예언 때문에 태어나자마자 숲 속의 외딴 탑에 갇혀 지내던 폴란드의 왕자 지그문트가 마치 꿈을 꾸듯 왕자와 죄인의 신분을 오가며 겪는 내면적인 고뇌와 함께 그를 둘러싼 주변인들의 모습을 보여 주는 작품이다. 폴란드의 왕 바실리오의 아들 지그문트는 불행히도 나라를 전쟁터로 만들고, 아버지를 발아래 두게 될 것이라는 불길한 저주와 함께 태어난다. 아버지 바실리오는 이런 신탁 때문에 어쩔 수 없이 갓 태어난 아들 지그문트를 탑에 가둔다. 그러나 왕 바실리오는 어린 자식을 유폐시킨 것을 두고두고 괴로워하다가 하루 동안 지그문트를 왕자로 만든다. 하지만 왕자가 되어 모든 권력을 쥐게 된 지그문트는 신탁의 예언대로

광포함을 여지없이 드러낸다. 왕 바실리오는 그리하여 어쩔
수 없이 아들을 다시 탑에 유폐시킨다. 그러다 반란이 일어나
게 되고, 반군들이 왕 바실리오에 대항하여 지그문트를 왕으
로 추대하자, 그는 고민 끝에 반군의 수장이 되어 아버지의 군
대와 싸워 이긴다. 하지만 다시 왕위에 오른 지그문트는 꿈만
같았던 하루 동안의 왕 시절에 깨달은 교훈을 잊지 않고 아버
지를 용서하고, 반군을 처벌하는 등 자유 의지로 운명에 맞서
며 이렇게 외친다.

    삶이란 무엇인가? 그것은 사기, 헛된 열광, 속임수, 꾸며
낸 이야기, 그림자. 우리네 모든 인생은 한낱 꿈일 뿐. 꿈은
그저 꿈일 뿐, 현실이란 텅 빈 무(無)일 뿐이다. 인간 또한
그 허무 속으로 사라질 허깨비일 뿐.38)

「인생은 꿈」 2막 5장에 나오는 주인공 지그문트의 대사는
한마디로 "인생은 일장춘몽(一場春夢)이니 현실을 즐기라."는
칼데론의 주제 의식을 집약해서 보여 준다. 칼데론에 따르면
아버지와 아들, 그리고 왕의 충복인 클로탈도와 그의 딸 로자
우라가 뒤엉켜 이끌어 가는 「인생은 꿈」은 바로 이들이 펼치
는 권력과 인생무상의 파노라마에 다름 아닌 것이다. 자, 그렇
다면 현재를 살아가는 우리의 삶은 어떠한가? 인생이 하나의
꿈에 지나지 않는데, 우리는 매일을 헛된 미망과 집착에 사로
잡혀 헛되이 살고 있는 것은 아닌가? 꿈처럼 순간인 인간 삶

의 유한성을 깨닫고, 매일의 삶 앞에서 겸손할 수 있는 마음을 배우고 싶다.

죽음을 기억하라(Memento Mori)

덧없는 삶 혹은 유한한 삶에 대한 바로크인들의 인식은 필연적으로 죽음에 대한 사유를 불러왔다. 죽음은 장르를 불문하고, 바로크 문학 전반에 걸쳐 나타나는 보편적인 주제이다. 도비네(Agrippa D'Aubigné), 뒤 페롱(Du Perron), 스퐁드(J. de Sponde), 샤시녜(J.-B. Chassignet)와 같은 대표적인 바로크 시인들의 작품엔 언제나 죽음의 그림자가 드리워 있었고, 바로크 시대의 비극 혹은 비희극의 무대에선 선홍색 피가 방울방울 떨어지고, 시체들이 여기저기 나뒹구는 장면을 쉽게 볼 수 있었다.[39] 또한 허구적 산문의 세계는 비극적인 역사에서 비롯된 피비린내 나는 보복과, 결투, 전쟁의 참화들로 가득했으며, 심지어는 연애담을 주제로 하는 전원소설에서도 자연사 뿐 아니라, 연적들 간의 결투로 인한 죽음 혹은 연인의 배신으로 인한 자살 등이 주요한 주제로 등장했다. 그런데 죽음에 대한 바로크 시대의 강박관념은 비단 문학에만 한정된 것은 아니었다. 당대의 회화 혹은 조각 작품에서도 마찬가지로 죽음을 상징하는 일종의 기호인 잘려진 머리나 해골의 형상들이 빈번하게 나타나며, 죽은 자의 관은 교회나 귀족의 저택에서 장식물로 기능하게 되었다.

물론 바로크 시대 이전의 르네상스 시대에도 죽음은 문학과 예술의 주된 테마였다. 하지만 르네상스 시대의 죽음의 이미지는 종교전쟁의 참화와 함께 16세기 후반 탄생한 바로크 시대의 그것과는 달랐다. 르네상스는 근본적으로 죽음을 부정적으로 생각하지 않았다. 오히려 죽음은 인간이 추해지고 파손되는 것을 막아주는 인간의 구원이라고 생각하였다. 1451년에 죽은 추기경 스클라페나티(Sclafenati)의 묘에 새겨진 비문에서 볼 수 있는 "왜 죽음을 두려워하는가. 죽음은 우리에게 휴식을 가져다주는데."라는 말은 르네상스 시대인들의 죽음에 대한 관념을 잘 설명하고 있다. 르네상스의 죽음은 이처럼 공포의 대상이 아니었기에, 거기에서 슬픔의 표지를 찾아보기 힘든 것이 사실이다. 그러나 바로크 시대에 들어오면서 죽음의 이미지는 크게 달라진다. 바로크인들에게 죽음은 더 이상 꽃과 꽃장식들로 꾸며진 안락한 휴식처가 아니라, 죽은 자의 해골과 그것을 갉아먹는 벌레들이 공존하는 처참한 현실이 되어 버린다. 그리하여 젊은 시절 죽음을 "결코 죽지 않는 더 아름다운 꽃으로의 회귀"라고 표현했던 프랑스 시인 롱사르(Pierre Ronsard)마저도 1586년 쓴 노년기의 시에선 시체의 이미지를 빌어 죽음을 그리고 있다.

　　나는 뼈와 해골만 있네.
　　앙상하고 힘없고 나약한 나는
　　가혹한 죽음이 엄습했음을 느끼네.

나는 떨리는 두려움이 아니고는 감히 나의 팔을 쳐다보
지 못한다네.

의술의 신 아폴론과 아에스클레피오스가 힘을 합쳐도
나를 살릴 수는 없으니, 의학도 나를 속이는구나.
즐거운 태양이여 안녕, 나의 눈은 메워졌네.
나의 몸은 모든 것이 해체되는 그곳으로 내려가 사라진
다네.[40]

　죽음에서 우아한 이미지를 걷어 내고 흉측한 해골과 고통
스런 순간의 묘사를 선호했던 바로크인들은 죽음에 삶의 이미
지를 투영시키는 것이 아니라, 살아 있는 것에 죽음의 이미지
를 투영하기를 좋아했다. 그리하여 해골 혹은 죽은 자의 머리
와 같은 죽음의 영상들이 수도원이나 궁중 심지어 일상생활에
까지 깊이 침투하게 되었다. 교황 이노센트 9세는 죽음의 침
상에 있는 자신을 재현하는 그림을 그리게 했고, 교황 알렉산드
로스 7세는 자신의 침대 밑에 관을 보관하고 있었다. 도처에 죽
음이 그려져 있었고, 해골을 방안에 두고 명상하는 사람이 점
점 많아 졌다. 이런 관습은 17세기에도 지속되면서 당대의 회
화 속에 주된 주제로 등장하게 되는데, 17세기 프랑스 화가
조르쥬 드 라 투르(Georges de la Tour)가 그린 「참회하는 막
달라 마리아」는 그 대표적인 예라고 할 수 있다. 명상 중에 있
는 부동의 속죄자는 한 손을 턱에 괴고 그림 속 빛의 근원이

되는 촛불을 바라보고 있다. 그런데 그림을 자세히 들여다보면 마치 죽음이 삶을 조명해 주는 바탕이라도 되는 듯 그림 한 가운데 놓인 해골과 그 위에 얌전히 놓인 그림 속 주인공의 다른 한 손이 보인다. 빛과 그림자의 상호작용을 통해 형태를 강조하는 암영주의 기법으로 17세기 프랑스 바로크 회화의 거장으로 인정받는 드 라

조르쥬 드 라 투르,
「참회하는 막달라 마리아」

투르의 그림을 통해서 우리는 당대인들이 죽음을 얼마나 친숙하게 느끼며 살았는지를 확인해 볼 수 있다.

하지만 바로크 시대의 문학가들이나 화가들이 처참하게 훼손된 신체나 흉측한 해골 등의 이미지를 통해 죽음을 표현했던 것은 그들이 이전 시대 예술가보다 잔인하거나 가학적인 성격의 소유자여서가 아니었다. 인간의 존재를 시간의 조건 하에 생각하는 바로크인들은 파괴적인 시간의 흐름 안에 이미 죽음의 전조가 들어 있다고 생각했다. 즉 "유년기가 죽으면 청년기가 오고, 청년기가 죽으면 노년기가 오고, 어제가 죽으면 오늘이 오고 오늘이 죽으면 내일이 온다."는 몽테뉴의 얘기처럼 삶은 그 자체로 죽음의 연속이며, 처음부터 삶 안에는

죽음이 포함되어 있다는 것이다. 죽음은 매 순간마다 호심탐탐 모든 인간을 노리고 있으며, 사람은 누구든 태어나는 그 순간부터 죽음으로부터 자유롭지 못하다. 사실이 그러하다면 인간의 유한성을 굳이 부인하려들지 말고 살아가는 동안 내내 언제 닥칠지 모를 죽음을 의식하고 있는 편이 낫지 않은가. 인간을 기다리는 것이 죽음이며, 어느 누구도 이러한 법칙에서 벗어날 수 없다는 사실을 인식하고 나면, 인간 생활의 모든 근심, 걱정, 모든 고통은 헛된 것이 되어버리고 만다. 바로크인들은 인간이 태어나서 결국은 죽음으로 향해 간다는 숙명을 우울하게 받아들이고 있다. 하지만 그들이 외쳤던 "죽음을 기억하라."라는 교훈은 분명 죽음 자체를 기억하라는 얘기가 아니었다. 삶 안에 이미 들어와 있는 죽음의 자리를 항상 명확하게 의식하고 있다는 것은 역설적으로 현재 주어진 짧은 생에서 진정한 삶의 가치를 찾고자 하는 그들의 몸부림이었을 것이다. 죽음을 기억하라! 이는 어쩌면 물질만능의 시대에서 가치관의 혼동을 느끼며 살아가는 우리에게도 절실히 필요한 메시지가 아닐까.

다시 나보나 광장을 꿈꾸며

　오래 전 그 날, 약간의 시간차를 두고 찾아온 바로크와의 만남 이후 지금까지 나는 여러 개의 얼굴을 가진 바로크를 만났다. 바로크 음악, 바로크 건축, 바로크 회화, 바로크 연극, 바로크 시, 바로크 소설, 바로크 세계관, 바로크 정신, 바로크 시대, 바로크 인 등……. 마치 화려하게 장식된 어느 성의 입구를 공들여 살핀 후, 그 이상 더 대단한 것이 뭐가 있겠냐는 심정으로 안으로 들어선 관광객의 눈앞에 방대한 규모를 자랑하는 멋진 볼거리들이 펼쳐진 것처럼 나보나 광장을 통해 들어선 바로크의 세계는 한없이 넓고 깊었다. 바로크는 역사가 있고, 나름대로의 규칙이 있으며, 시기별로 국가별로 다양한 이형이 존재하는 거대한 세계였다. 그랬다. 나보나 광장은 바로크로 들어가는 입구였지 끝이 아니었다. 그리고 지금, 바로크의 어원에서 시작해, 유럽사 속의 바로크 시대, 문예사조로서의 바로크 양식, 그리고 테마를 통해 본 바로크까지 돌아 나온 지금도, 여전히 바로크는 많은 부분에서 미지의 세계로 남아 있는 걸 보면 바로크 세계의 방대함에 새삼 놀랄 뿐이다.

얼마 전 한 일간신문에서 몰리에르의 작품 「서민 귀족」을 「귀족 놀이」라는 이름으로 바꾸어 한국 배우들과 함께 한국과 프랑스 양국 무대에 올리는 프랑스 연출가 에릭 비니에 (Eric Vigner)의 기사를 읽을 기회가 있었다. 기사의 제목은 「바로크와 한국전통 '신선한 창조'」였는데, 기사에 따르면 이번 연극에서는 프랑스 바로크 음악가 장 바티스트 륄리의 음악을 국립국악 관현악단이 라이브로 연주할 예정이라고 했다. 바로크 음악과 한국 전통악기의 만남이라…… 얼핏 보기에 어울리지 않을 것 같은 선택을 한 이유에 대해 비니에는 "몰리에르가 초연 당시 사용했던 바로크 음악은 현대음악보다 자연스러운 음악"이라면서 "한국악기 소리는 자연의 소리에 기꺼워 듣기에 편한데, 한국악기 소리 자체가 17세기 유럽의 그것보다 더 바로크적"이라고 대답했다. 순간적으로 당황스러웠다. 바로크 음악이 자연스러운 음악이며, 한국악기 소리 자체가 17세기 유럽의 그것보다 더 바로크적이라니 이게 대체 무슨 말인가. 생각의 전환이 필요한 대목이었다.

그와 함께 또 다른 기사가 눈에 띄었는데, 이번에는 명동의 국립극장 재개관에 관한 것이었다. 1960~1970년대 우리나라의 공연 문화를 이끌었던 명동 국립극장 건물은 2007년 준공을 목적으로 현재 리모델링이 진행되고 있으며, 공사를 결정한 문화관광부에서는 문화사적 가치가 높은 '바로크식' 외관은 그대로 유지하면서 내부 사무공간을 헐어 600~700여석 규모의 첨단 공연장을 건립할 예정이라고 한다. 20세기 중반 한국에 세워진 명동 국립극장의 외관이 '바로크식'이라는 말 역시 한국악기 소리가 '바로크적'이라는 얘기만큼이나 바로크에 대한 인식을 넓혀주기에 충분했다.

그렇다. 21세기를 사는 우리에게 바로크는 유럽 역사의 틀 안에만 갇혀 있는 어떤 관념이 될 수 없는 것이다. 바로크가 특정한 역사적, 사회적 맥락을 가지고 탄생했고, 바로크 시대의 절정이 17세기의 유럽에서 이루어졌다는 것은 결코 부인할 수 없는 사실이지만, 그렇다고 해서 오늘날에도 여전히 바로크를 유럽의 17세기에만 한정시키기엔 바로크는 이미 현대인에게 너무나 매력적인 개념이 되어 버렸다. 너무나 빠른 속도로 변해가는 세상, 불확실성과 혼돈이 지배하는 이 세상에서 바로크는 꿈과 판타지와 역설의 미학, 그리고 비합리에의 도취로 우리를 유혹한다. 그것이 때론 지나치게 과장되고, 때론 비현실적일지라도 바로크가 주는 일탈의 매력, 그것도 진보적인 일탈의 매력은 거부할 수 없는 강력한 것이 되고 만다. 실제로 20세기 후반에 들어서면서 많은 이들은 현대의 포스트모던적 사유의 상당 부분이 바로크적 세계관에서 연유한다는 생각하에 현대적인 관점에서 바로크를 재해석하고 그에 대해 새로운 의미를 부여하는 작업을 해오고 있으며, 그 결과 바로크는 유럽 역사의 틀 밖으로 나와 현대성을 획득하게 되었다. 20세기 늦은 후반기부터 지금까지 우리에게 커다란 영향을 미치고 있는 들뢰즈(Gilles Deleuze)가 '무한으로 향하는 주름'이라고 정의했던 바로크는 이제 제가 태어난 유럽 17세기를 떠나 현대인의 삶과 사유 속에서 끝없이 접고, 펼치고, 다시 접음으로써 수많은 이형들을 만들어 갈 것이다.

바로크 세계로 떠났던 첫 번째 여행은 끝이 났다. 그런데 벌써부터 다음번 여행이 기다려지는 것은 나의 조급함 때문일까. 다음번 여행 또한 출발점은 또다시 나보나 광장이 될 것이다. '바로크=나보나 광장'이라는 나만의 공식은 여전히 유효하므로. 그러나 나보나 광장에서 출발하게 될 다음 여행길은 결코 동일할 수 없으리라. 분명 나의 발길은 바로크 시대의 유럽을 벗어난 곳에서, 우리와 같은 시대를 살아가는 사람들 속에서 바로크의 흔적을 찾게 될 테니 말이다.

주

1) Jean Rousset, 『바로크 문학』(조화림 옮김, 예림기획, 2001), pp.219-221.

2) 베르니니와 보로미니의 라이벌 관계에 대해서는 국내에 번역 출판되어 있는 오브리 메넨의 책에 자세히 소개되어 있다. Obrey Menen, 『예술가와 돈, 그 열정과 탐욕』(박은영 옮김, 열대림, 2004), pp.159-208 참조.

3) Claude V. Palisca, 『바로크 음악』(김혜선 옮김, 다리, 2003) 참조.

4) Noël-Antoine Pluche, Spectacle de la nature, vol. VII, nouvelle édition(Paris, Frères Estienne, 1770), p.129, 앞의 책, 재인용, p.12

5) Jean-Jacques Rousseau, Dictionnaire de musique (Paris, la Veuve Duchesne, 1768), "Baroque", p.41, 앞의 책, 재인용, p.13.

6) 문학의 영역에서 바로크 개념이 사용되기 시작한 것은 독일인 슈트리히(Fritz Strich)가 1916년 『17세기 서정시의 양식』이라는 저서에서 독일 17세기 문학의 복권을 지향하면서 뷜플린이 미술사에서 규정한 개념을 전용한 때로 거슬러 올라간다.

7) 바로크 개념의 의미 변화에 관한 간단한 흐름에 대해서는 아니 콜로냐-바레스의 책을 참조하였다, Annie Collognat-Barès, Le Baroque en France et en Europe, Pocket, 2003, pp.15-16.

8) Friedrich Nietzsche, 『비극의 탄생』(김대경 옮김, 청하, 2002), pp.37-147 참조.

9) Annie Collognat-Barès, 앞의 책, pp.17-19.

10) 루이 14세가 개인통치를 시작한 1661년 이후 프랑스에서는 문학과 건축, 미술을 비롯하여 모든 예술 분야에서 예술가의 개별성과 독자성을 앞세우기 보다는 보편적인 유형을 따르는 경향이 지배적이 되면서, 개개의 작품들은 궁정 예술 전체 속에 병합된 일부 장식에 불과한 것으로 여겨지게 된다. 고전주의 예술이론은 국가라는 절대적 이념에서 나온 반개인주의, 반자유주의, 반지방분권적 경향으로서 중앙집권체제와 절대 왕정을 구축하려는 국가 이념에 부합되는 것이었다.

93

따라서 예술의 테마나 형식에 있어서도 개별적이고, 국지적이고, 특수하고, 기이한 것을 배격하고 대신 보편타당하고, 비밀이 없고, 명석하고, 합리적인 것을 권장하게 되었다.

11) Frédéric Dassas, 『바로크의 꿈, 1600~1750년 사이의 건축』(변지현 옮김, 시공사, 2000), p.123.

12) Germain Bazin, 『바로크와 로코코』(김미정 옮김, 시공사, 1998), pp.7-8.

13) 샤를 니콜라 코신, 「장식 세공사에게 보내는 청원」, 앞의 책, 재인용, p.139.

14) Frédéric Dassas, 앞의 책, p.124.

15) 앞의 책, p.127.

16) Le Dictionnaire du littéraire, sous la direction de P. Aron, D. Saint-Jacques et d'A. Viala, PUF, 2002, "baroque", pp.44-45.

17) 김정숙, 「바로끄 감성의 형성과 특징」, 『불어불문학 연구』, 한국불어불문학회, 1991 참조.

18) Laurence Plazenet, La littérature baroque, Seuil, 2000, pp.10-12.

19) Montaigne, Essais, I, XXXI, Des Cannibales.

20) Jean-Pierre Chauveau, Lire le Baroque, Dunod, 1997, pp.44-48.

21) Obrey Menen, 앞의 책, p.180.

22) Frédéric Dassas, 앞의 책, pp.15-16.

23) Jean Rousset, 앞의 책, p.234.

24) Germain Bazin, 앞의 책, pp.21-25.

25) 앞의 책, p.61.

26) '카메라타'는 피렌체의 문필가, 화가, 음악들의 모임을 지칭하며, '살롱(salon)'을 의미하는 이탈리아어에서 비롯된 말이다.

27) 16세기 말 이탈리아를 출발점으로 17세기 전 유럽으로 퍼져나간 새로운 시대정신, 즉 바로크는 음악 분야에서도 이전과는 다른 새로운 양식을 탄생시켰다. 우선 이전까지 선율 및 화성의 기초로 작용해 온 중세 교회 선법이 점차 장조와 단조의 화성 체계로 대체되는데, 이러한 음의 조성 원리는 1900년경까지 계속해서 서양 음악의 중심원리로 작용하게 된다. 그런데 이처럼 새로운 화성적 사고를 가능하게 한 것이 바로 바소 콘티누오(basso continuo)라고 불리는 통주 저음 형식이었다. 통주 저음은 건반악기 연주자가 주어진 저음 외

에 화음을 즉흥적으로 보충하여 반주성부를 완성시키는 방법 또는 그 저음 자체를 가리키는 말로, 독주 파트가 쉴 때에도 저음은 악곡을 일관해서 연주하므로 통주(continuo)라고 불린다.

28) Cl. V. Palisca, 앞의 책, p.163.

29) 다 카포 아리아의 특징은 무엇보다 시작하는 부분을 대조되는 부분이 나온 후 다시 한번 그대로 반복함으로써 ABA의 구도를 만드는데 있다. 다 카포 아리아라는 이름은 B부분의 끝에 '시작에서부터'라는 뜻을 가진 da capo라는 말을 표기하는 관행으로부터 유래된 것이다.

30) Cl. V. Palisca, 앞의 책, p.407.

31) Du Bartas, *Anthologie de la poésie baroque française I*, éd. J. Rousset, Colin, 1962, p.34.

32) Théophile de Viau, *Œuvres*, 1623, v.1-10.

33) Jean Rousset, 앞의 책, p.17.

34) 셰익스피어, 「맥베스」, 『셰익스피어 4대 비극』(이태주 옮김, 범우사, 1991), p.237.

35) 셰익스피어, 「당신이 좋으실 대로」, 『셰익스피어 4대 희극』(이태주 옮김, 범우사, 1997), pp.348-349.

36) Gérard Genette, «L'Univers réversible», dans *Figures I*, Seuil, coll. «Points Essais», pp.17-18.

37) 셰익스피어, 「햄릿」, 『셰익스피어 4대 비극』, p.67.

38) Pedro Calderon de la Barca, *La vie est un songe*, Actes Sud, 1997.

39) 프랑스 바로크 문학의 절정은 무엇보다 17세기 전반기의 연극에서 찾을 수 있는데, 당대 프랑스 연극을 대표하는 장르는 바로 비희극이었다. 비희극은 비극적 요소와 희극적 요소가 공존하는 일종의 혼합 장르로 시간과 공간의 제약 없이 때로는 수십 년에 걸친 주인공의 모험을 펼쳐 보이면서 작품의 통일성을 추구하기보다는 관객들에게 화려한 볼거리를 주고자 했으며, 그런 이유로 선성적인 에로티즘과 함께 무대 뒤가 아니라, 관객의 눈앞에서 직접 살인, 강간, 고문, 자살 등을 보여주는 일종의 '잔혹극적' 요소를 지니고 있었다.

40) P. Ronsard, *Derniers Vers, in Œuvres complètes*, Gallimard, 1994.

바로크

초판발행 2004년 11월 30일 | 2쇄발행 2007년 4월 30일
지은이 신정아
펴낸이 심만수 | 펴낸곳 (주)살림출판사

주소 413-756 경기도 파주시 교하읍 문발리 파주출판도시 522-2
전화번호 영업·(031)955-1350   기획편집·(031)955-1357
팩스 (031)955-1355
이메일 salleem@chol.com
홈페이지 http://www.sallimbooks.com

ISBN 89-522-0311-9 04080
      89-522-0096-9 04080 (세트)

값 3,300원